教育部人文社会科学研究《英汉新闻话语的言语和思想转述方式比较研究——基于报纸语料的调查分析》（10YJA740046）项目资助。

本书得到"浙江传媒学院英语语言文学学科、卓尚中外文化传播研究项目出版基金"的重点资助。

英汉新闻转述话语比较研究

赖 彦 ◎ 著

A Comparative Study of English and
Chinese News Reported Discourse

中国社会科学出版社

图书在版编目(CIP)数据

英汉新闻转述话语比较研究/赖彦著. —北京:中国社会科学出版社,
2016.4

ISBN 978-7-5161-7810-2

Ⅰ.①英… Ⅱ.①赖… Ⅲ.①英语—新闻语言—对比研究—汉语
Ⅳ.①G210

中国版本图书馆 CIP 数据核字(2016)第 051367 号

出 版 人	赵剑英
选题策划	郭晓鸿
责任编辑	武兴芳
责任校对	闫 萃
责任印制	戴 宽

出 版	中国社会科学出版社
社 址	北京鼓楼西大街甲 158 号
邮 编	100720
网 址	http://www.csspw.cn
发 行 部	010-84083685
门 市 部	010-84029450
经 销	新华书店及其他书店

印刷装订	三河市君旺印务有限公司
版 次	2016 年 4 月第 1 版
印 次	2016 年 4 月第 1 次印刷

开 本	710×1000 1/16
印 张	13
插 页	2
字 数	201 千字
定 价	52.00 元

目　录

绪　论

　　转述话语是人类社会言语交际的一个重要组成部分，当需要或想要通过他人或自己叙述过去谈论，或现在正在谈论，甚至将来可能谈论的事情时，人们总是在一定程度上以某种形式使用转述话语。没有转述话语，言语作为交流事情的方式手段就受到限制。Jakobson（1985：96）指出，"在人类的任何语言舆论中，转述话语起着不可或缺的作用。"转述话语在新闻报道这一特定体裁的语篇中大量存在，其表现形式和体现功能引起了许多学者的关注。引用谁的话语，不引用谁的话语，为何引用以及怎样引用他们的话语，等等，都对新闻报道的信息提供和舆论形成具有极其重要的作用。因此，在语言学的框架下结合社会学等方法论途径研究转述话语已成为语言类型学和话语分析的重要课题。

一　概念界定

（一）话语

　　"话语"（discourse）这一术语在批评理论、社会学、语言学、哲学、社会心理学以及其他领域的多种学科中已经普遍流行，出现得如此普遍以致通常都未加以界定，好像它的使用只是一种常识而已（Mills 1997：1）。事实上，"话语"是一个棘手的概念，因为不同学科和不同理论流派的学者对话语的概念都存在不同的理解和意义侧重,详见 Mills(1997)和田海龙(2014:3—13)对"话语"概念含义所做的比较分析。

在福柯的话语哲学中,话语是一个广义的概念,他在《知识考古学》等著述中阐述了他的话语观。第一是建构性的话语观,他"把话语看作是从各个方面积极构建社会的过程:话语建构知识客体、社会主体和自我'形式',建构社会关系和概念框架"(Fairclough 1992:39)。第二是互文性的话语观,他"强调一个社会或机构的话语实践的互相依赖性:文本总是利用和改变其他同时代的以及历史上已有的文本(这个属性通常被称为文本的'互文性'[intertextuality]),而任何特定类型的话语实践都产生于其他话语实践的结合,并受到与其他话语实践关系的限制(Fairclough 1992:39—40)。"在他的早期"考古学"工作中,福柯的侧重点是关注作为建构知识领域规则的话语类型,也就是话语结构:"一个话语结构是适合于一套特定的属于这个结构的陈述'结构规则',更具体地说,是适合于'客体'结构的规则,适合于'阐述方式'和'主体地位'的规则,适合于概念结构的规则和'策略'结构的规则(福柯1972:31—39)。"(Fairclough 1992:40—41)在他后来的"谱系学"研究中,重点转向知识和权利的关系问题,而在他晚年的工作中,关注的重点是"伦理学"层面上个体如何将自身建构为行为道德主体的问题。

在语言学界,话语的定义是"语言使用,即作为交际行为结果的语言,其范例通称话语。语法是指用以构成小句、短语和句子这样的语法单位的语言使用规则,而话语是指诸如段落、会话和访谈这样更大的语言单位"(Richards et al. 2000:138—139)。

柯林斯英语词典中,"话语"的定义是"1. 话语是人们之间的口头或书面交流,特别是特定话题的讨论;2. 话语是用于教学或解释事物的严肃讲话或书面文章;3. 如果某人演说某事,是用权威或正式的方式长时间谈论它;4. 在语言学中,话语是语境中,特别是完整语篇时的自然口头语言或书面语言"(Sinclair et al. 2000：468)。

Fairclough 非常强调话语与社会实践相结合的含义，他指出，"我把话语看作是再现世界层面的方式——物质世界中的过程、关系和结构、思想、感情、信念等的'心理世界'，以及社会世界。世界的特定层面可能会以不同的方式再现，所以我们通常处在不得不考虑各种话语之间关系的位置上。不同的话语是看世界的不同角度，这跟人们与世界的关系有关，而人们与世界的关系反过来又取决于人们在世界上的位置、他们的社会和个人身份，以及人与人实践的社会关系"(Fairclough 2003：124)。

Fairclough 使用"话语"这个术语在于强调作为社会实践的语言使用，而不是个体实践，并指向三个重要的含义。一是，话语是再现社会的方式，也是作用于世界以及人们相互作用的方式。二是，话语又是建构现实的方式，作为社会实践的语言使用隐含话语和社会结构之间的辩证关系。话语这一建构本质一般受到社会结构的制约，特别是受到制度结构和关系结构的制约。三是，话语有助于社会主体的建构以及知识和信念的建构。

Benveniste 认为，"话语必须在其最广泛的意义上理解：每一话语假定说话人和听话人，而且说话人以某种方式影响他人的意向……每一自然口头话语的类型，从平常的日常会话到最为精湛的演讲……但也是再现口头话语的书面材料，或借用的表达方式和目的的材料：新闻报道、回忆录、戏剧、辩论作品，总之，某人称自己为说话人，以人称范畴组织其所言的所有语体。我们对历史叙述和话语之间所作的区分，与书面语言和口头语言之间的区分根本不相一致。今天的历史话语是对书面语言的保留，但话语是既作为书面的又作为口语的。在实践中，话语同时从一种语体转到另一种语体。每当话语出现在历史叙述中，比如当历史学家再现某人的话或他自己为了评论转述的事件时，我们就进入另一个话语的时态体系"(转引自 Mills 1997：5)。

所以，从语言学范畴对话语的定义来看，其复杂性主要围绕
"语句""语篇""语体"和"意识形态"四个层面加以界定，以说
明话语的概念含义和语境侧重。此外，有时人们把"话语"（dis-
course）和"语篇"/"文本"（text）几乎当作同义词使用，有时又
相互区分。例如："Michael Stubbs（1983）把文本和话语或多或少作
为同义词，但又注意到，在其他一些使用中，文本可能是书面语的，
而话语是口头语的，文本可能是非互动性的而话语是互动性的……
文本可长可短而话语隐含一定的长度，文本必须具有表层的衔接而
话语必须具有更加深层次的连贯。最后，Stubbs 注意到其他理论学
家在抽象的理论构造和语用的体现之间加以区分，由于含混，至于
哪些是由文本体现的，这些理论学家都未得到认同。"（转引自 Mills
1997：4）

目前的研究多数学者是把话语作为语言学范畴的概念，包括两
种含义：一是将话语等同于语言，二是将话语等同于文本，涵盖各
种形式的正式和非正式的言语互动以及各种形式的书面文本（波特、
韦斯雷尔 2006：5）。鉴于本课题研究的对象是新闻语篇的转述话
语，涉及新闻人物直接引语的口头话语转述，又涉及与新闻事件有
关的政府报告、机构文件等书面话语的转述，还涉及时评社论的正
式语体话语，因此本课题的研究采用语言学范畴对"话语"界定的
广义概念，即不仅包括大于句子层面的口头和书面交流的语言使用，
而且不脱离语言社会实践的语境因素。

（二）转述话语

Volosinov（1973：115）将"转述话语"定义为"言语中的言
语，话语中的话语，同时又是关于言语的言语，关于话语的话语"，
体现元话语的表征功能。他认为，"话语实际上是一个两面性的行
为。它在同等程度上由两面所决定，即无论它是谁的，还是它为了
谁，作为一个话语，都是说话人与听话人相互关系的产物。任何话
语都是在对'他人'的关系中来呈现一个意义的。在话语中我是相

对于他人形成自我的，当然，自我是相对于所处的集体而存在的。话语是连接我和他人之间的桥梁"（Volosinov 1973：86）。事实上，"转述话语"这一概念本身就预设说话人的话语中具有他人原话语的再现。被转述的话语通过作者的辩论意图呈现给读者，并以这样的方式有效地影响读者。

在语言学领域，转述话语已成为一个重要的研究对象。在欧洲，语言学界部分学者传统地把转述话语视为一个自足的符号体系，一种告知关于自身信息而不是关于世界的元表征（Smirnova 2012：236），因而忽视转述话语的内容以及转述和被转述话语之间的关系，表现为以语法为导向的传统。另一部分学者则把转述话语视为非自足的符号体系，认为转述话语及其语境之间的关系是对话和评价的关系。通过转述话语的言语行为意图，作者表明其对其他语篇和作者的态度，并试图在读者身上唤起同样的认识态度，即使这一评价没有被明确显示，也可以从转述话语之内的语言结构特征中推导出来。

新闻报道中，"转述话语"指的是记者对新闻人物或其他信息来源的言语和思想进行转述。通过信息内容的转述，不管原话语是直接式的转述，还是间接式的转述，原话语的语境都要在作者的语境中被重新语境化，因而转述话语在一定程度上反映记者的主观性和客观性，体现不同程度的社会意识形态意义。

二 研究综述

20世纪存在主义哲学从社会问题的研究兴趣转向关注人际互动。哲学中发展的"他者"概念影响着语言思想，并激起对转述话语的兴趣浪潮。巴赫金（Bakhtin 1984；1986）提出文学话语归于自我和他者的主体问题引起了对后现代主义文学中的小说转述话语的广泛研究（Barthes 1970；Derrida 1978；Cristeva 1986）。西方文学界和语言学界学者从20世纪80年代开始就从不同的视角用不同的方法对转述话语进行了大量研究。

（一）国内外的主要研究成果

从语法形式的分析角度，最具代表性研究的学者 Quirk（1985：1020—1033）等对言语转述的分类和方式进行了全面系统的介绍，有助于语言学习者对言语转述语法结构变化的了解和掌握。从文体特征的表现角度，Leech & Short（2001）等学者对文学语篇的小说人物言语和思想转述方式的叙事文体特征作了归纳分析，把转述话语分为两大类别：言语的转述和思想的转述，同时对言语和思想的直接转述、间接转述、自由直接转述、自由间接转述以及言语和思想行为的叙事转述等范畴的主客观性介入程度进行了分析；Ehrlich（1990）、Fludernik（1996）等学者对文学语篇转述话语的叙事视角和策略进行了阐释。从结构功能的语言学范式角度，Thompson（1994）对转述话语的转述结构、信息功能和其他用法进行了深入细致的分析，就直接引语的话语结构特征进行了全面考察和详尽描述，Halliday（2008）和 Martin & Rose（2003）对转述他人言语和思想的逻辑语义投射关系的小句复合体进行了研究论述，前者以语义为基础，研究投射的逻辑—语义关系，后者把投射作为一种态度资源加以分析，Oltean（1993）从整体性、评价性和指称性阐述了自由间接引语的语用指称功能，Waugh（1995）从功能与语篇的关系论述了新闻转述话语的问题，Gutzmann & Stei（2011）阐述了引语引号的语用功能问题。

国内在该领域的研究主要将注意力投向话语转述的语用和篇章功能等方面，如申丹（1991）关注文学文本转述话语的表现形式及其功能，徐赳赳（1996）观察分析现代汉语叙述文中直接引语形式和语用功能，辛斌（2007）从批评话语分析的角度分析新闻报道中转述话语结构背后隐藏的意识形态和社会权力关系以及对话性的社会语用功能，贾中恒（2000）阐述引述句的引导、介绍、评价等作用，黄友（2009）从言语行为理论视角考察汉语转述话语的转述性质、类型、转述规则与策略以及忠实度修辞动因，辛斌（2009）阐述引语研究的语用学解释理论问题，辛斌（2010）阐述分析引语研究的语用修辞问题，李希光（2012）阐述新闻报道中的直接引语使用问题。

（二）国内外研究的发展趋势

目前，国内外对转述话语研究的发展趋势主要体现在认知分析、符号语言学阐释和语言比较研究等一些层面，如彭建武（2001）通过认知机制解释转述话语的意义和认知语用特征，Vandelanotte（2009）从指示和主观化等视角探讨转述话语的认知分析，Yao（2011）对直接引语和间接引语理解的心智仿真研究，Harry（2013）从符号语言学视角对报纸转述言语进行阐释。在比较研究层面，主要集中在跨体裁和跨语言的比较研究方面，如文学与新闻体裁的言语和思想转述模式的探讨（Semino，Short & Culpeper 1997），英语和法语直接引语的句法和符号地位比较（Hansen 2000），Le（2003）比较分析不同报纸信息来源在社论报道中的劝服策略，英语和德语新闻言语不同转述方式的比较（Brüngel-Dittrich 2005）等。然而，国内对转述话语的跨语言比较研究相对较少，主要散见于转述消息来源、转述动词和转述方式的意识形态功能等方面的讨论，缺乏全面系统的调查分析，而且所选语料非常有限。尤其是，对新闻语篇转述话语的形式与功能研究，虽然引起了国内外不少学者的关注，但在新闻话语分析领域对英汉两种语言的话语转述方式缺乏系统的比较分析和实证研究。

因此，本研究课题一方面在前人研究传统的基础上开辟英汉跨语言和跨语域比较研究的新领域，拓展研究范围，丰富研究成果，探索新闻话语研究的新发现。另一方面，就英汉新闻转述话语的引语来源、转述动词、转述引语、言据性和互文对话性等层面开展实证性考察研究和比较分析，全面系统地比较英汉新闻话语转述方式和事实呈现的本质差异，深入揭示转述话语的新闻价值表征和互文对话修辞潜势的功能特征。

三 研究方法

对于转述话语的研究，单从语言句法结构的表现层面上不足以发现其语言使用的本质特性，只有从社会学的方法途径出发，对转述话语进行科学的考察，整个方法论的意义和这一现象的本质特征才能被揭示出来（Volosinov 1973：112）。所以本课题的研究主要运用话语分析的方法路径，对新闻转述话语从信源、引语、转述动词、言据性和对话性等层面进行系统深入的考察分析和实证调查研究，同时结合语言学、新闻学和社会学等相关理论对研究结果作出合理的阐释。

（一）话语分析

话语分析是考察言语社会群体成员的语言使用，包括口语交际和书面语篇的语言形式和话语功能的研究。"话语分析"这一术语最早使用在 Zelling Harris 1952 年开始发表的一系列论文中。作为一种分析连贯的言语和书面话语方式，在 60 年代后期和 70 年代，"话语分析"这一新的跨学科的方法开始在人类学和社会科学以及符号学、心理语言学、社会语言学和语用学中使用发展。

话语分析关注的焦点是关于成功交际所需要的词语、短语、小句和句子之外语言的知识，考察跨语篇的语言模式，考量语言和社会及文化语境之间的关系。话语分析也涉及使用语言呈现不同世界观和不同理解的方式，考察语言使用如何影响参与者之间的关系以及语言使用对社会身份和关系的影响，思考如何通过话语的使用建构世界观和身份（Paltridge 2006：2）。

话语分析的主要方法路径是对我们称之为话语的这种语言使用的单位进行清晰的、系统的描写和阐释。描写的视角是文本层面，即对各个层次上的话语结构进行描写。阐释的视角是语境层面，即把对这些结构的描写与语境的各种特征，如认知过程、再现、社会文化因素等联系起来加以考察（van Dijk 1988：25）。

话语分析的操作原则是建构任务，因为话语的形式与功能是蕴含在对世界的不同建构和实践之中。Gee（2005：100—113）提出了下列七大建构任务的问题：

1. 建构意义

不同事物怎样具有意义，具有什么意义——事物被赋予的意义和意义类型——是任何情景的组成部分。

①某些在情景中看来重要的词汇和短语的情景意义是什么？

②怎样的情景意义和价值依附于情景中相关的地点、时间、身体、人物、事件、工艺品和机构？

③怎样的情景意义和价值依附于情景中引用或暗指的其他口头语篇和书面语篇（互文性）？

④什么话语模式似乎在这些情景意义的相互连接和整合中发挥作用？

⑤什么机构和/或话语在情景中产生（再生）？这些机构和/或话语模式在这种产生（再生）过程中如何趋于稳定或发生转变？

2. 建构活动

⑥情境中正在进行的较大的或主要的活动是什么？

⑦什么样的次活动组成这一活动（或这些活动）？

⑧什么活动组成这些次活动？

3. 建构身份

任何情景都把身份作为其组成部分，即情景所涉及的人所确立和识别的必然身份。

⑨什么身份（角色、职位）与相伴而来的个人、社会、文化知识和信念（认知）、情感（情绪反应）、价值等似乎或想当然地与在情景中建构相关？

⑩这些身份是怎样在情景中趋于稳定或发生转变的？

⑪就身份、活动和关系而言，什么话语在情景中相关（不相关）？怎样相关（不相关）？在哪些方面相关（不相关）？

4. 建构关系

任何情景都把关系作为其组成部分，即情景所涉及的人彼此确立和协商的有效关系。

⑫什么类型的社会关系似乎或想当然地或在情景中建构相关？

⑬这些社会关系是怎样在情景中趋于稳定或发生转变的？

⑭为了同其他文本、人物或话语建立某种关系，其他口语的或书面的文本是如何被引用或暗指的？

⑮就身份、活动和关系而言，什么话语在情景中相关（不相关）？怎样相关（不相关）？在哪些方面相关（不相关）？

5. 建构政治

任何情景都把社会产物及关于社会产物分配的观点作为其组成部分。

⑯什么社会产物（如地位、权利、性别、种族、阶级或狭义的社会网络和身份）在这个情景中是相关的？如何相关（不相关）的？在哪些方面相关（不相关）？

⑰这些与话语模式和话语相联系的社会产物是如何在情景中发挥作用的？

6. 建构联系

事物在任何情景中都是彼此以某种方式联系或不联系，相关或不相关的。

⑱什么类型的联系——向后看和/或向前看——是建立在话语或大的交流片段内部或话语和大的交流片段之间的？

⑲什么类型的联系是为以前的或未来的交流，为他人、思想、文本、事物、机构和当前情景之外的话语而建立的？

⑳互文性（引用或暗指其他文本）是如何被用来在当前情景和其他情景或在不同的话语中建立联系的？

㉑问题⑱、⑲和⑳中的联系是怎样在情景中（与情景意义和话语模式一起）帮助构成"连贯"的？怎么"连贯"？

7. 建构符号系统和知识意义

㉒什么符号系统在情景（如言语、书写、图像和手势）中相关（不相关）？怎样相关，以及在哪些方面相关（不相关）？

㉓什么知识系统和认知方式在情景中是相关（不相关）的？怎样相关，以及在哪些方面相关（不相关）？

㉔就"民族"语言而言，如英语、俄语或豪萨语，什么语言在情景中是相关（不相关）的？

㉕什么社会语言在情景中是相关的？怎样相关，以及在哪些方面相关（不相关）？

㉖引用或暗指其他口语的或书面语的文本是怎样被用来处理㉒—㉕所包含的话题的？

上述这些建构任务的问题视角和方法对话语分析的具体运作具有全面系统的指导意义。话语分析的目标是，一方面强调话语的意义流通和交换关系，从而加强对影响文本生产、分配、消费、解释的认知以及社会文化情境的系统研究；另一方面，把话语实践的功能和策略建构作为分析的重心。

（二）语料选取与标注

首先，我们根据每项研究目的确立明晰且可操作的分析范畴和比较研究框架。然后，依照分析范畴的比较框架，对收集的语料进行通篇阅读考察和分析，并逐一标注，建立小型的语料库。为保证研究的可比性和有效性，在语料库建设中考虑以下几个方面的因素：

1. 语料选自英文和中文严肃大报（serious broadsheets/quality newspapers）（Smirnova 2012：237），《纽约时报》（The New York Times）和《人民日报》以及通俗小报（popular newspapers/tabloids）（Smirnova 2012：238），《每日快报》（The Daily Express）和《都市快报》，以保证报纸类别和英汉语言的典型性以及大报和小报语言与风格差异的比较。

2. 关于研究对象的语料，除因个别研究目的需要选取特定的语料以外，如不同报纸在同一时间对同一新闻事件的报道，或同一新闻事件相同报纸不同版本的报道等，本课题研究的各项研究内容以及定量分析调查全面集中在英文报纸《纽约时报》《每日快报》和中文报纸《人民日报》《都市快报》明确对应归类的政治（politics）、商业（business）、体育（sports）、时评社论（editorial）等不同语域的新闻报道语篇语料中。语料样本随机抽取于 2011 年 7 至 8 月间各报的新闻报道语篇，选取的文章长短篇幅大致相同，新闻报道每篇在 1000 字以内，时评社论每篇在 2000 字以内，每种报纸的政治、商业、体育、时评社论等不同语域的新闻报道各 30 篇。各类语料共计 425 篇（每篇报道的标题详见本书后的附录），总字数达 26 万多字。

3. 由于目前的语料库分析软件没有可直接应用于对我们所需的各项研究内容的自动标注和检索，因此我们对考察的语料均采用手工定义与标注的加工处理，同时剔除语料中产生误读和歧义以及项目内容相同的部分，以确保内容分析的有效性和数据统计的准确性。

（三）定量分析与定性分析

社会科学中的文本分析有两种方法传统：语言学传统，把文本本身作为分析的对象；社会学传统，把文本作为进入人类经验的窗口。在文本研究中，有些学者使用人文主义传统所确立的方法，而另一些学者则使用实证主义传统所确立的方法，前者涉及阐释和意义探索，后者涉及文本约简为再现主题或概念的代码，应用定量分析方法发现代码之间的关系模式。

以文本为导向的话语分析作为一种研究方法渗入在社会科学的多个领域，研究者考察词语、语句、段落和篇章，发现思想意义，甚至文本缺失的东西，通过标记、检索和数值分析，描写类型与特点，并解释研究结果与结论。因而在考察分析过程中，我们对新闻报道转述话语各类范畴的结构特点、方式类型和策略功能主要采用定性分析的方法，作全面系统的描写和分析阐释，以揭示其使用的语言的本质特征、运作机制和社会认知属性。

对于各类方式范畴在英汉不同语言、不同报纸和不同语域的分布和使用频率则主要采用定量分析的方法，精准地比较各种差异，以揭示其使用的差异特点、普遍规律和社会语境因素。

在整个研究过程中，通过定量分析和定性分析的优势互补来确保考察、分析、比较、发现和阐释等研究目标的可靠性和有效性。

四　研究目标

转述话语是一种建构的话语，它体现话语策略行为的一部分。"告知"信息和"舆论"影响是新闻报道的功能属性。在新闻报道中，转述话语并非完全等同于语用学意义上的一般语法使用。为了实现"谁转述""转述谁""如何转述"以及"为何转述"的转述话语信息功能和舆论功能，不同语言和不同语域的新闻报道呈现怎样的句法结构模式和变体以及引入报道语境的融合方式？各种类型的结构模式特点传达怎样独特的命题信息和转述者的信念与态度，并影响读者的认知解读？读者又如何识解其语篇体现的现实？更为具体而言，新闻报道转述话语的形式与功能有哪些英汉跨语言的类型差异？各种类型差异如何分类界定？它们的使用分布有哪些特征？转述话语在新闻报道中如何被重构？是否涉及句法与语用的界面问题？转述者操控和干预转述话语有何言据性特征？转述话语的转述方式选择如何影响意义的诠释？转述话语的标点符号有何特定的语用功能？因此，本课题的研究从这些问题出发，试图达到如下几个方面的主要研究目标：

1. 全面考察分析英汉转述话语的结构模式及其变异特点，系统建构各种结构模式的分析范畴和理论框架，深入比较英汉两种语言在政治新闻、商业新闻、体育新闻和时评社论等不同语域言语和思想转述方式上的差异和倾向，分析差异产生的原因和语境制约因素，阐释不同结构形式与社会语用功能之间相互联系和相互区别的认知规律。

2. 调查比较英汉新闻话语言语和思想转述的言据性策略，揭示英汉新闻报道增强转述话语客观真实性的有效手段以及不同言据性使用的策略差异。

3. 深入探讨英汉新闻转述话语主体间性身份建构的表达模式和互文对话性定位，分析体现话语实践的社会身份与社会权利的关系以及平等互动的词汇与结构体现特点和语用策略。

4. 全面分析英汉严肃大报和通俗小报以及不同语域新闻转述话语的不同基调和转述立场态势，阐述英汉新闻转述话语意义潜势的语用修辞功能的评价分析方法。

第一章

英汉新闻转述话语的信源比较

　　转述话语使我们不仅能够谈论他人话语的表述，而且还能呈现和区分他人话语的类别。就其结构成分而言，转述话语一般包括三个组成部分：信源、转述动词和引语。在转述话语中，"某事如此是因为某人说它如此"（Fishman 1980：92）。可见，在新闻报道中，转述话语的信源是关乎新闻价值取向的一个重要方面。潜在的新闻价值影响新闻事件舆论导向表达方式的选择，在新闻事件报道中记者倾向于选择谁的言语和思想转述呢？不同语言和不同语域新闻报道的信源选择又有何语用策略差异？对这些问题的关注是本章讨论的重点。

第一节　英汉新闻转述话语的信源分类

　　所谓"信源"（source），是指转述话语引用的信息来源出处。通过对中英文严肃大报《纽约时报》《人民日报》和通俗小报《每日快报》《都市快报》共 360 篇新闻报道（20 多万字）语料的考察分析，我们发现新闻转述话语的信源可分为以下几种类型，详见图1.1。

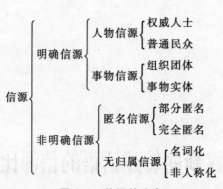

图 1.1　信源的分类

一　明确信源

　　新闻的主要目的是告知信息，为此记者需要找到最相关和最可信的信息传达给公众。一般来说，记者获得这样一些信息的途径有三种：1. 依靠报道事件的目击者；2. 独立寻找相关信息；3. 从不同消息来源获取信息。

　　从新闻修辞的角度来看，新闻记者总是试图说服受众接受其报道的事实性和客观性，因而尽可能明确地提供转述话语的信息来源。事实上，追求客观的、无偏见的报道在 20 世纪 20 年代就不同程度地在美国和英国日益专业化的新闻文化中作为制度确立了下来，比如新闻报道日渐使用引文来标明信源出处（艾伦 2008：22）。下面，请看新闻转述话语不同信源的具体表现形式。

　　（一）明确的人物信源

　　在新闻报道中，转述新闻人物的重要思想言论，是体现新闻价值的一个重要表现手段，在转述时往往带有明确的信源标记。例如：

　　（1）"Raising taxes on our nation's jobs creators is yet another failed policy that will make the economy worse," **Senator John**

Thune of South Dakota, a member of the Senate Republican
leaderhip①, **told reporters**. "Instead of looking at ways to raise ta-
xes, we ought to be looking at the countless ways we could reduce
federal spending and enact policies to grow the economy and create
jobs."

(*The New York Times*, July 8, 2011)

（"对全国的创业者提高税收是一项将使经济恶化的失败政
策，"**南达科塔州议员、共和党参议员领导成员之一的约翰·桑
恩**告诉记者。"我们应当注重无尽的方法减少联邦开支，并施行
经济增长和创造工作的政策，而不是看好增税的办法。"）

（《纽约时报》2011 年 7 月 8 日）

（2）"今天是波兰人民重要的一天，我们将在欧盟倡导一种
价值观，即团结起来使欧盟尽快走出危机，寻求更好发展。"**波
兰驻华大使塔德乌什·霍米茨基**在北京召开的新闻发布会上说。

（《人民日报》2011 年 7 月 3 日）

　　例（1）和（2）分别转述了领导人物"南达科塔州议员、共和
党参议员领导成员之一的约翰·桑恩"和"波兰驻华大使塔德乌
什·霍米茨基"的直接引语。同时，它们还明确交代了转述话语信
源的确切地点"在北京召开的新闻发布会上"以及言说对象"记
者"的语境信息，使转述语境有根有据——谁说的，对谁说的，在
哪说的，让言说主体和言说客体处于同一时空领域，即记者亲临其
境的时空现场，以增强新闻报道事实的客观性和可信度。

　　新闻转述话语人物信源除了"领导""专家"等典型的权威人士
以外，还可能是新闻事件发生现场的目击者或新闻故事人物等普通
民众，如例（3）和（4）。

---

　　①　本书例句中字体加粗和下划线部分均系作者为了强调所标注。

（3）**Bystander Kjersti Vedun** said："It exploded，it must have been a bomb. People ran in panic. I counted at least 10 injured people. "

（*The Daily Express*，July 23，2011）

（**旁观者科捷斯缇·威盾**说："发生爆炸，一定是炸弹。人们恐慌地跑。我数了数至少有 10 个人受伤。"）

（《每日快报》2011 年 7 月 23 日）

（4）昨天早上 7 点多，**冯先生**给快报热线 85100000 来电，声音中透着一股兴奋——我看到杭州地铁首列车的车头了，有两个，装在大卡车里，正停在地铁七堡车辆基地外面，蛮漂亮！

（《都市快报》2011 年 7 月 23 日）

例（3）的转述话语人物信源"科捷斯缇·威盾"（Kjersti Vedun）是一位路旁的目击者，例（4）的转述话语人物信源"冯先生"是一位快报热线的新闻报料者，这两个实例反映的都是有关新闻事件普通民众的声音，体现了新闻事实的真相。

（二）明确的事物信源

新闻报道不仅转述人物个体的言语和思想观点，而且还转述组织团体或事物实体的相关言论信息，例如：

（5）Although an agreement has been struck to increase bilateral trade to 100 billion US dollars（61 billion）by 2015，that "pales in comparison" to the German target of 284 billion US dollars（174 billion）over the same period，**the Business Innovation and Skills Committee** said.

（*The Daily Express*，July 26，2011）

（尽管坚持同意将双边贸易额到 2015 年增加到 1000 亿美元或 610 亿英镑，但与德国同期 2840 亿美元或 1740 亿英镑的目标相比仍显得相形见绌，**商业改革和技术委员会**说。）

（《每日快报》2011 年 7 月 26 日）

（6）据《**齐鲁晚报**》报道，山东滨江市华康纺织有限公司董事长董华康去年在棉花大涨时，以 3 万元的价格吃下几百吨棉花，不过今年，棉花价格跌去了三成，几个月时间董华康赔了一百多万元。

（《都市快报》2011 年 7 月 21 日）

从上述转述话语的实例可以看出，转述话语信源既可能是类似例（5）"商业改革和技术委员会"那样的组织团体或机构，表达某个群体的集体思想观点，也可能是类似例（6）《齐鲁晚报》那样的事物实体，表达转述话语信源的政策、法规、决议、报告、文献等文本归属。

二　非明确信源

新闻报道中最为经常转述的"某人"往往是"某个全能的知情者或观察者"（Fishman 1980：93），也就是所谓的精英信源。甚至有时匿名信源也被建构为"精英"，拥有权威和官方地位（Stenvall 2008：230）。事实上，在所考察的新闻报道语篇中，我们发现有时可能出于某种不便公开信源的原因，记者采用一些匿名信源的转述方式，具体表现为下列几种类型。

（一）匿名信源

（7）**民警**主动把王某家属请到派出所，反复劝解。"我们感觉王某和家人感情很深，对曾经的犯罪行为非常悔恨，如果能够投案自首、主动赔偿，是能够争取从轻处罚的。"在办案民警的努力下，王某家人答应规劝王某自首。

（《人民日报》2011 年 7 月 8 日）

(8) But Maliki and his rivals, beset by other domestic political disputes, remain divided over the matter, including how to formally ask the Obama administration for such an extension, **officials** said.

(*The Daily Express*, July 22, 2011)

(**官员**说，但马利基及其竞争对手受国内其他政治纠纷的困扰，仍然对此存在分歧，包括如何正式要求奥巴马政府如此延期。)

(《每日快报》2011 年 7 月 22 日)

例（7）和（8）中的转述话语信源分别是"民警"和"官员"，这类仅交代职业身份信息而无具体人物姓名的信源，被称为"完全匿名"，如"官员""警察""目击者""专家""分析人士"等作为修辞构建的非明确的集体来源（Stenvall 2008：233）；另一些虽有机构部门和职业身份信息描述，但仍无明确来源的人物姓名信息，则被称为"部分匿名"的信源方式（Sheehy 2008：28），如例（9）和（10）。

(9) WASHINGTON—**Congressional Democrats, who have thrived for decades as guardians of Social Security,** said Thursday that they were not ready to surrender that role to help President Obama get a deal on federal spending and the debt limit.

(*The New York Times*, July 25, 2011)

(**民主党国会议员，作为繁荣几十年的社会安全守护者，**周四说他们不准备放弃这个角色来帮助奥巴马总统在联邦开支和债务上限达成协议。)

(《纽约时报》2011 年 7 月 25 日)

(10) **瑞星安全专家**指出，一些原来在传统领域骗人的诈骗者，现在已经开始"电商化""网络化"，包括丰胸减肥、高血压、癌症治疗、茶叶、珍珠玉器等领域，也开始出现大量钓鱼假网站。

（《都市快报》2011 年 7 月 20 日）

例（9）和（10）中的转述话语信源"民主党国会议员"和
"瑞星安全专家"，虽然包含了工作描述和组织机构等可识别身份的
信息属性，但所涉及的职业身份"议员"和"专家"的人物姓名却
依然未交代，这是一种部分匿名的信源表达方式。

（二）无归属来源

除了上述引语来源的部分匿名和完全匿名方式以外，还有以下
几种没有表达信息来源归属的转述方式：

1. 名词化

（11）**But there are suggestions from the Tevez camp that** he
is so angry by the collapse of the Corinthians deal-which would have
allowed him to be reunited with his wife and two daughters-that he
does not want to go back to England.

（*The Daily Express*，July 21，2011）

（**但特维斯营地的一些意见表明**，特维斯因科林蒂安的转
会交易失败而感到如此懊恼以致他不想返回英国，本来那一交
易可让他与妻子和两个女儿团聚。）

（《每日快报》2011 年 7 月 21 日）

（12）截至昨晚 11 点，孙杨这条微博共有 157 条评论，羡
慕和赞赏的网友占了多数，**其中一条留言**是："哇！孙杨太有爱
了，太有亲和力了"。

（《都市快报》2011 年 7 月 23 日）

例（11）和（12）的转述话语信源分别通过"suggestions"（意
见）和"留言"的名词化方式，隐去了"谁"的意见和"谁"的留

— 21 —

言的信源归属。Fowler（1991：82）指出，名词化是一种潜在的神秘化手段，把小句的动词行为过程转化为名词性概念，将行为过程的参与者隐藏了起来。

2. 非人称化

（13）**It is believed that** the firm will follow the same fixed-price format however.

（*The Daily Express*, August 3, 2011）

（然而**人们相信**，这家商行将会遵照同样的固定价格模式营运。）

（《每日快报》2011年8月3日）

（14）**据报道**，7月21日，日本冲绳那霸检察审查会再次认定应起诉去年钓鱼岛事件中的中方船长，那霸地方检察机关将据此对中方船长提出公诉。

（《都市快报》2011年7月23日）

例（13）和（14）是通过非人称化指示的被动结构形式"It is believed that"和被动式紧缩结构"据报道"，隐去了"谁相信"和"谁报道"的转述话语信源，以保护消息来源。

3. 零形式

（15）Earlier this week, Rummenigge gave a scathing interview to The Guardian newspaper in England suggesting that the clubs should revolt because "I don't accept any longer that we should be guided by people who are not serious and clean."

（*The New York Times*, July 29, 2011）

（本周早些时候，鲁梅尼格对英国《卫报》进行了严肃的采访，建议俱乐部抗议，因为"我不再接受我们被不严肃和不干净的人领导"。)

(《纽约时报》2011 年 7 月 29 日)

（16）记者仅等待了 5 分钟左右，就顺利地领到香蕉，"3.3 公斤，您拿好。"工作人员小姜将一大把绿色的香蕉和取货小票同时交给记者，还介绍了相关知识。"为了保证新鲜，提供的都是未熟透的青香蕉，您只需要把它和苹果或者芒果一起放上两天，就能变成金黄色的熟香蕉了。"

(《人民日报》2011 年 7 月 26 日)

例（15）中的转述话语"I don't accept any longer that we should be guided by people who are not serious and clean."和例（16）中的转述话语"3.3 公斤，您拿好。"以及"为了保证新鲜，提供的都是未熟透的青香蕉，您只需要把它和苹果或者芒果一起放上两天，就能变成金黄色的熟香蕉了。"均为无信源归属的转述话语表述，其信源呈现零形式的方式，其真正归属往往需要根据上下文语境去断定。根据语境信息，对例（15）未交代信源的转述话语可分析判断为上文"鲁梅尼格"（Rummenigge）的声音，而对例（16）未交代信源的转述话语则可确认为工作人员的"原话"。

第二节　英汉新闻转述话语信源的句法结构特征

根据功能语言学的观点，转述话语是一种逻辑语义投射关系，表现为并列、从属和嵌入句法结构的报道、思想和事实的投射（Halliday 2008：443）。根据转述话语的语义投射关系，新闻转述话语的信源引述具有下列句法结构特征。

一　前置型信源引述结构

在我们考察的语料中，前置型信源引述结构有以下几种具体表现形式：

（一）信源归属

（17）**A police spokesman said**："Police cannot say anything a-bout the scope of the damage, aside from that there's been one or several explosions."

（*The Daily Express*, July 23, 2011）

（**一位警察发言人说**："除了已有一次或多次爆炸的信息以外，警察无法说出有关损害程度的任何情况。"）

（《每日快报》2011 年 7 月 23 日）

（18）**The House Democratic leader, Representative Nancy Pelosi, who met privately with Mr. Obama on Friday morning, told reporters later in the day that** her position was firm.

（*The New York Times*, July 8, 2011）

（**众议院民主党领袖南希·佩洛西众议员星期五上午秘密会见了奥巴马先生，在当天晚些时候告诉记者说**她的立场是坚定的。）

（《纽约时报》2011 年 7 月 8 日）

（19）**According to the latest Gallup poll**, four out of five A-mericans disapprove of Mr. Obama's handling of the economy, the lowest ratings of his tenure.

（*The New York Times*, August 18, 2011）

（**据最近的盖洛普民意调查**，五人中有四人不赞成奥巴马对经济问题的处理，在他任期期间支持率最低。）

（《纽约时报》2011 年 8 月 18 日）

（20）**美国著名作家、名著《瓦尔登湖》和《论公民的不服从》作者戴维·梭罗曾说**，"真话需要两个人，一个愿说，一个愿听"。

（《都市快报》2011 年 7 月 21 日）

（21）**胡锦涛在贺电中说**，今年 1 月，苏丹南方公投顺利举行，南方人民选择独立。

（《人民日报》2011 年 7 月 10 日）

（22）**根据历史数据**，杭州一般每年夏天有 20 多个高温日。

（《都市快报》2011 年 7 月 21 日）

例（17）和（20）中的 "A police spokesman"（警察发言人）和 "戴维·梭罗""美国著名作家、名著《瓦尔登湖》和《论公民的不服从》作者"分别是转述话语的信源归属，通过言语转述动词 "said"（说）引述其后的直接转述引语。而例（18）和（21）中的信源归属 "The House Democratic leader, Representative Nancy Pelosi（众议院民主党领袖南希·佩洛西众议员）"和 "胡锦涛"则分别引述其后的间接转述引语，但例（19）和（22）是分别通过言据性 "According to the latest Gallup poll（据最近的盖洛普民意调查）"和 "根据历史数据"的信源归属来引述其后的间接转述引语。

（二）非限定式

（23）The idea is supported by the European Central Bank, **which argues that** it would satisfy calls for a private sector contribution because Greek bonds would be sold at below their face value.

（*The New York Times*, July 11, 2011）

（这一想法得到欧洲中央银行的支持，**认为**它可以满足私人部门供款的要求，因为希腊债券将以低于面值的价位出售。）

（《纽约时报》2011 年 7 月 11 日）

（24）Technical negotiations in recent weeks have led several governments **to believe that** those objectives are incompatible, and Monday's declaration watered down those conditions.

(*The New York Times*, July 11, 2011)

（近几周的技术谈判导致多个政府**相信**那些目标是相互矛盾的，周一的声明淡化了那些条件。）

（《纽约时报》2011 年 7 月 11 日）

（25）After Bennell's death, his father, Gary Bennell, 52, expressed sympathy for Mr Flanagan, **adding**: "Householders are entitled to protect their property from burglars."

(*The Daily Express*, July 23, 2011)

（贝奈勒死后，他 52 岁的父亲伽瑞·贝奈勒对弗拉纳甘先生表示同情，**并补充说**："户主有权保护财产免遭盗窃。"）

（《每日快报》2011 年 7 月 23 日）

例（23）由非限定从句结构 "which argues"（认为）引述其后的间接转述引语，而例（24）和（25）则分别由非限定动词 "to believe"（相信）和 "adding"（补充说）引述其后的转述引语。

（三）评价结构

（26）**It is strange but true that** the end of Bradley's tenure happened because an overeager German import, Jermaine Jones, barreled into Steve Cherundolo, the stable right back, sending him out of the final.

(*The New York Times*, July 29, 2011)

（**奇怪却又真实的是**，布拉德利的任期到此结束了，因为一位热血方刚的德国人杰梅因·琼斯一上场就稳稳当当地迅速移到史蒂夫·切伦多洛的后卫，一脚把他送出决赛。）

（《纽约时报》2011 年 7 月 29 日）

（27）**更令人疑惑的是**，瑞昌今年 6 月还专程进京到钓鱼台国宾馆开了一场"鄱阳湖龙虾节"新闻发布会，而事实上，瑞昌市与鄱阳湖之间隔着好几个县，距离近 50 公里。

（《人民日报》2011 年 8 月 15 日）

例（26）和（27）分别通过"It is strange but true that"（奇怪却又真实的是）和"更令人疑惑的是"带有转述者主观评价意义的结构引述其后各自的间接转述引语。

（四）命题逻辑

（28）如果丁锦辉的伤病严重影响到此后过多的比赛，邓华德不排除另用他人："我现在别无选择，丁锦辉和周鹏不在，这个位置上我没有别的人员可用，我很为难。现在我们的伤病比较多，4 号位上我会试用很多人。"

（《都市快报》2011 年 7 月 16 日）

（29）For Ms. Warren, **one such challenge could be the fact** that Massachusetts has a poor track record of electing women.

（*The New York Times*, July 24, 2011）

（对于华伦女士来说，**这样一个挑战可能在于**马萨诸塞州缺乏选举女性的良好记录**的事实**。）

（《纽约时报》2011 年 7 月 24 日）

例（28）中的直接转述引语内容是篮球教练邓华德的赛事用人意见，与引语前"邓华德不排除另用他人"的内容构成因果逻辑语义关系，所以虽然没有使用言语转述动词加以引述，但通过前后的逻辑语义判断可以断定它们的引语归属关系。而例（29）则通过名词结构"事实"与所转述的从句命题内容构成间接转述引语的逻辑语义关系。

（五）零形式

（30）Tory MP James Clappison said："It is a decision which

— 27 —

should be welcomed by everyone because it recognizes the gravity of the threat innocent people face when they suddenly find themselves confronting an intruder in their home.

Ø① "We need a very robust approach by the police and the Crown Prosecution Service to cases like this and we appear here to have a commonsense outcome where justice has been done.

"I would like to think it has laid down a marker where innocent people faced by someone intent on violence in their home do not have to think about the niceties required of the situation before reacting. "

(The Daily Express, July 23, 2011)

（保守党议员詹姆斯·科拉普逊说，"那是一个应该受到所有人欢迎的决定，因为当人们突然发现自己面对一个入侵者在家里时就意味着无辜的人面临威胁的严重性。

Ø"我们需要警察的一个有力办法以及处理类似案件的皇家检察署，而且我们来到这里似乎要有一个共识的结果：正义得到伸张。

"我想这已得出一个标示：任何人在家遭到强暴都不必考虑采取行动前那些局势需要的细枝末节。"）

（《每日快报》2011 年 7 月 23 日）

例（30）在转述信源归属"保守党议员詹姆斯·科拉普逊说"之后的两段直接引语时均未交代转述话语信源，出现信源承前省略的零形式现象。《当代媒体新闻写作与报道》指出，"当消息来源的话特别感人或充满感情时，记者通常会引用多段直接引语"（Itule & Anderson 2003：120）。但在书写时需特别注意连续多段引语转述的

---

① 例句中的符号 Ø 表示零形式，均为作者所加。

引号使用变化：零形式信源之后的多段直接引语只标注每段开头的前引号，而省掉其段尾的后引号，这意味着告诉读者转述引语将继续，直到最后结束段才加注后引号，如例（30）各段末尾的引号使用。但汉语的新闻转述引语却没有类似的要求。

二 后置型信源引述结构

后置型信源引述结构指的是直接转述引语或间接转述引语置于开头部分，信源引述结构成分置于其后，起信息补充的背景化作用，而使转述的命题信息置于句首显著位置，产生前景化的突显，强化转述引语的重要性，在句法上主要有如下表现形式：

（一）主位述位

(31) "Their actions could be used by some to cast doubt about the legitimacy of the committee's proceedings," **R. Blake Chisam, then the committee's chief counsel, wrote in the undated memo to Representative Zoe Lofgren, Democrat of California, who until last year was the ethics committee chairwoman.**

(*The New York Times*, July 18, 2011)

（"他们的行为可能被一些人用于质疑委员会诉讼的合法性，"**当时的委员会首席律师 R. 布莱克·契萨姆在一份未签署日期的加利福尼亚州民主党议员佐伊佐·洛夫格伦的备忘录中写道，直到去年她还是伦理委员会主席。**）

（《纽约时报》2011 年 7 月 18 日）

(32) "今天是波兰人民重要的一天，我们将在欧盟倡导一种价值观，即团结起来使欧盟尽快走出危机，寻求更好发展。"**波兰驻华大使塔德乌什·霍米茨基在北京召开的新闻发布会上说。**

（《人民日报》2011 年 7 月 3 日）

转述话语就其内容而言通常涉及两个方面的描述，一是描述已经发生、正在发生或可能发生的事件；二是描述与已经发生、正在发生或可能发生事件相关联的人物。在新闻报道中，有时转述某一事件的有关言论比转述该事件本身更为重要，有时转述话语信源的人物身份地位格外重要。因而在一般情况下，转述话语信源的交代通常明确完整，包括姓名、机构名称以及与新闻事件或新闻人物的关系、职衔，必要时还要说明性别、年龄。

例（31）和（32）的引述结构是由信源和转述动词组成的主位述位结构，置于转述引语之后，这一结构往往突显转述引语内容的重要性，相比之下，信源的人物信息则显得不那么重要。通常情况下，信源的人物首次出现时应详细具体地给读者交代其职衔和姓名，如例（31）和（32）中的 "the committee's chief counsel"（委员会首席律师）、"R. Blake Chisam"（R. 布莱克·契萨姆）和 "波兰驻华大使""塔德乌什·霍米茨基"。

（二）主谓倒装

（33）"There is obviously a lot of pressure from Arab countries not to prosecute him," **said Mr. Khodeiry, the former judge**.

(*The New York Times*, July 23, 2011)

（"显然有来自阿拉伯国家要求不要起诉他的巨大压力，" **前法官柯泓得利说**。）

（《纽约时报》2011 年 7 月 23 日）

例（33）与例（31）和（32）相比，略显不同的是，前者的转述动词和信源的主谓倒装，使句法结构更加平衡，但当信源的主语为代词时，则不可倒装，如例（34）。

（34）"If you thought the terrorism risk had diminished and

gone away, then you are wrong," **said Andrew Scipione, head of state police in New South Wales, of which Sydney is the capital.**
"We should never become complacent when it comes to preventing acts of terrorism-so it is a really important wake-up call for us all," **he said**.

(*The Daily Express*, July 21, 2011)

（"如果你以为恐怖主义危险已削弱和消失的话，那你就错了，" **新南威尔士州，其首府为悉尼的警务处长安驹·西佩安说**。"当谈到恐怖主义的防范行动时我们从未沾沾自喜——所以那对我们大家来说都确实是尤为重要的警醒，" **他说**。）

（《每日快报》2011 年 7 月 21 日）

（三）回指概述

有时，直接或间接引语的转述是通过回指概述的关系结构引述的，如例（35）和（36）。

（35）（记者白龙）2008 年至 2010 年，全国法院共审结国家工作人员职务犯罪案件 79560 件，生效判决人数 80883 人；2010 年与 2008 年相比，职务犯罪案件数量上升 7.2%。**这是记者今天从最高人民法院的新闻发布会上了解到的**。

（《人民日报》2011 年 7 月 20 日）

（36）"总想着自己是负案在逃的，压力特别大。每到夜里，不是被噩梦惊醒，就是因为想念家人无法入睡。" **8 年生活，王某不堪回首**。

（《人民日报》2011 年 7 月 20 日）

例（35）中的回指代词"这"显然是指前文的间接转述引语内容"2008 年至 2010 年，全国法院共审结国家工作人员职务犯罪案件

— 31 —

79560 件，生效判决人数 80883 人；2010 年与 2008 年相比，职务犯罪案件数量上升 7.2%"。例（36）的直接引语内容"总想着自己是负案在逃的，压力特别大。每到夜里，不是被噩梦惊醒，就是因为想念家人无法入睡"是转述动词"回首"所隐含的回指语义指涉。

（四）传闻言据

（37）A senior prosecutor who was said to be working on the case was on vacation last week, **according to his secretary**.

（*The New York Times*, July 23, 2011）

（**据他的秘书透露**，处理案件的一位高级检察官员上周休假。）

（《纽约时报》2011 年 7 月 23 日）

例（37）的传闻（hearsay）言据引述表达"according to his secre-tary"（据他的秘书透露）置于转述引语之后，担当补充信息的句法作用。这种后置型传闻言据引述的使用是英语新闻转述话语中的一个常见句法特点，但在汉语新闻转述话语中却缺乏类似的表达。

三 中置型信源引述结构

为了使转述话语的句法结构平衡，特别是同一段落引用相同说话者的多句转述引语时，往往采用中置型引述结构，其具体表现形式如下：

（一）插入结构

（38）So, **one reporter cheekily asked**, is he just the strong silent type?

（*The New York Times*, August 17, 2011）

（所以，**一位记者厚着脸皮问**，他仅是强烈沉默的那种人吗?）

（《纽约时报》2011 年 8 月 17 日）

例（38）的引述结构"one reporter cheekily asked"（一位记者厚着脸皮问）在句法上是一个插入成分，使句子结构平衡，达到一种结构审美的语用效果。由于汉语是一种意合突显的语言，所以汉语新闻转述话语就缺乏类似英语这种形合突显的表达结构。

（二）衔接过渡

（39）"What you'd like to see under these circumstances is a big deal, but one that would not take down spending or raise taxes quickly," **said Rudolph G. Penner, a senior fellow at the Urban Institute**. "The problem with that is making it credible."

（*The Daily Express*, July 8, 2011）

（"在这些环境下你想要看到的是大笔交易，但大笔交易不会迅速减少开支或提高税收，"**一位城市研究所高级研究员鲁道夫·G. 彭纳说**。"大笔交易的问题是使其可靠。"）

（《每日快报》2011 年 7 月 8 日）

（40）"关心残疾人，是社会文明进步的重要标尺和标志。"**黄书记在会上说**，"全市上下要进一步增强做好残疾人工作的自觉性、主动性和责任感，把健全残疾人社会保障和服务体系作为基本公共服务体系建设的优先领域，真心关怀残疾人，大力支持残疾人事业发展，让残疾人与全市人民一道，共享改革发展成果，共享全面小康社会。"

（《都市快报》2011 年 7 月 15 日）

例（39）和（40）中的"said Rudolph G. Penner, a senior fellow at the Urban Institute"（一位城市研究所高级研究员鲁道夫·G. 彭纳说）和"黄书记在会上说"信源引述分别被置于前后两句直接转述引语之间，起着中间衔接过渡的句法作用，避免在同一段转述多句引语时反复做信源归属的累赘表达。《当代媒体新闻写作与报道》指出，"引用同一个说话者的引语只需交代一次引语来源归属，即使这个引语延续多段"（Itule & Anderson 2003：113）。

第三节　英汉新闻转述话语的信源语用策略差异

假设一个记者要讲述全球变暖是否是人类活动导致的结果，这从新闻的可靠性来说是困难和危险的。但是，假如这一新闻报道归于某些消息来源报道，那么记者可能会报道一些冲突性声明，允许他们说出事件一直被报道的双方观点。尽管双方的观点或许都是错误的，但是交代信源这一新闻实践就有助于避免批评，可回避偏见的指控或者可至少部分地摆脱揭示真正原因的责任（Dimitrova & Stromback 2009：76）。然而，如何交代转述话语的信源以及交代谁的信源，甚至不交代谁的信源，这在不同语言和不同语域的新闻报道中究竟有何语用策略差异呢？下面我们通过对新闻实践中转述话语信源类型和引述方式的实证调查与比较分析来回答这一问题。

一　英汉新闻转述话语的信源类型差异

引入语境的他人言语，同镶嵌它的语言不是形成机械的联系，而是在意思和情态上形成内在的相互影响。他人言语的权威性和内在的说服力可以结合在转述者的转述话语之中，同时既有专制的力量，又有内在说服力。表现思想观点的他人言语，如果具有内在说服力，得到受众的承认，那它便可以起到完全不同的作用。在新闻报道中，这种具有决定性意义的他人言语不同程度地体现在转述话语的信源归属上。

为了探讨转述话语信源归属的元话语语用策略，我们对英文报纸《纽约时报》和《每日快报》、中文报纸《人民日报》和《都市快报》的 360 篇新闻报道进行了细致考察和比较分析，尤其是对各报政治新闻、商业新闻和体育新闻等不同语域的使用情况分别进行了详细标注和统计。在分析过程中，如果同一转述话语信源在同一语篇中出现若干次，我们则以一个信源来统计，不重复计数，以保证统计数据的有效性。通过实证研究，我们得出不同报纸和不同语域新闻转述话语的信源使用频率，具体分布情况详见表1.1。

表 1.1　　　　　　　英汉新闻转述话语的信源使用比较

项目 / 统计		人物来源			事物来源			匿名来源			无归属来源				合计
		权威人士	普通民众	小计	组织团体	事物实体	小计	部分匿名	完全匿名	小计	名词化	非人称化	零形式	小计	合计
纽约时报（90篇）	政治新闻	130	10	140	15	20	35	24	24	48	8	2	0	10	233
	商业新闻	78	7	85	38	23	61	18	20	38	4	4	0	8	192
	体育新闻	42	48	90	6	10	16	5	7	12	2	11	3	16	134
	小计	250	65	315	59	53	112	47	51	98	14	17	3	34	559
每日快报（90篇）	政治新闻	55	3	58	30	8	38	2	8	10	0	3	0	3	109
	商业新闻	56	12	68	15	12	27	12	13	25	0	3	0	3	123
	体育新闻	12	35	47	2	2	4	2	1	3	1	4	0	5	59
	小计	123	50	173	47	22	69	16	22	38	1	10	0	11	291
人民日报（90篇）	政治新闻	29	10	39	8	13	21	13	11	24	0	7	2	9	93
	商业新闻	20	0	20	13	25	38	2	3	5	1	12	0	13	76
	体育新闻	23	2	25	7	1	8	0	3	3	5	4	2	11	47
	小计	72	12	84	28	39	67	15	17	32	6	23	4	33	216
都市快报（90篇）	政治新闻	15	4	19	15	11	26	0	3	3	6	2	1	9	57
	商业新闻	35	2	37	7	32	39	14	11	25	4	3	3	10	111
	体育新闻	29	28	57	2	7	9	2	9	11	10	5	0	15	92
	小计	79	34	113	24	50	74	16	23	39	20	10	4	34	260
合计		524	161	685	158	164	322	94	113	207	41	60	11	112	1326

表 1.1 的使用频率统计数据结果表明，不同报纸和不同报道语域转述他人言语使用的信源方式呈现一定的语用差异和策略倾向，体现了转述话语在英汉不同语言以及政治、商业和体育等不同新闻报道语域中的形式与功能的制约关系。

（一）权威人士信源与普通民众信源

话语类型或语域为某些语言范畴的特定使用和理解方式设定了一个框架。换句话说，一个语篇的话语语用功能影响用于该语篇的转述话语功能资源的类型和性质（Waugh 1995：130）。比如新闻转述话语的功能类型和性质不同于小说话语中的转述话语的语用功能资源，因为新闻话语再现现实世界的整体功能框架制约着它的语言范畴资源的使用必须服务于客观真实的功能效应，而小说话语反映虚拟世界的整体功能框架使得各种语言资源的使用可以有更大的艺术创造发挥。

新闻转述话语的实践充满意识形态和权利关系，体现媒介体制控制下为了某人意愿所描写的新闻的特定版本。在新闻报道中，社会行为者和参与者的选择是新闻报道给定某些行为者而不是其他人物声音的意识形态定位表示，记者往往利用新闻事件核心人物的影响和权威突出新闻事件的重要性，新闻事件牵涉的人物地位越显要、影响力越大，吸引公众关注的可能性就越大。新闻报道转述话语信源的使用目的是服务于某些话题或问题的权威声音，某种信源，如政府官员被视为比一般市民具有更大权威的声音（Dimitrova & Stromback 2009：76）。在新闻报道中，新闻行为者的言语和思想被转述意味着在记者看来它们是重要的，决定新闻的价值。政府机构、工业实体和商务行业中高层信源比街头市民的低层信源更受偏好，是因为信源本身在一定程度上决定事实的本质，尤其是特权群体的价值观和话语对事物的社会认同具有特殊的作用。不过，记者在日常报道中即使遵循同样的新闻采集惯例，不同的新闻事件之间也有内在差异。新闻信源的选择可能会因预期事件，如全国性选举和突发事件（地震或军事政变）等之间差别而有所不同。至少信源的需要和选择部分地取决于事件是否符合预期以及接近事件现场或目击者等其他来源的逻辑因素。

在我们考察的新闻报道语篇中，由机构领导、政府官员、行业专家等构成的权威人士信源，即精英信源（elite-type sources）（Obiedat 2006：291）成了新闻记者最大偏好使用的他人话语资源，其使用比例占人物信源的 76.50%，而普通民众信源则占 23.50%，详见表 1.2。

表 1.2　　　　　　　　英汉新闻人物信源的比较

项目		权威人士	百分比	普通民众	百分比	合计
纽约时报	政治新闻	130	18.98%	10	1.46%	140（20.44%）
	商业新闻	78	11.39%	7	1.02%	85（12.41%）
	体育新闻	42	6.13%	48	7.01%	90（13.14%）
	小计	250	36.50%	65	9.49%	315（45.99%）
每日快报	政治新闻	55	8.03%	3	0.44%	58（8.47%）
	商业新闻	56	8.18%	12	1.75%	68（9.93%）
	体育新闻	12	1.75%	35	5.11%	47（6.86%）
	小计	123	17.96%	50	7.30%	173（25.26%）
人民日报	政治新闻	29	4.23%	10	1.46%	39（5.69%）
	商业新闻	20	2.92%	0	0.00%	20（2.92%）
	体育新闻	23	3.36%	2	0.29%	25（3.65%）
	小计	72	10.51%	12	1.75%	84（12.26%）
都市快报	政治新闻	15	2.19%	4	0.58%	19（2.77%）
	商业新闻	35	5.11%	2	0.29%	37（5.40%）
	体育新闻	29	4.23%	28	4.09%	57（8.32%）
	小计	79	11.53%	34	4.96%	113（16.49%）
合计		524	76.50%	161	23.50%	685（100.00%）

国外学者也发现，具有新闻价值的话语常常属于那些精英信源，在他们所调查的 600 篇新闻报道中，68% 是精英人士说了什么，而

非精英人士进入报道的唯一路径是由于某事如犯罪、事故或自然灾害等事件而成为受害者。(Roeh 1982:154)

从表1.2的统计数据来看，体育新闻的权威人士和普通民众信源比例基本持平，甚至普通民众信源还略多一点。由此看来，普通民众信源之所以较多的语用策略可能在于其与体育新闻报道的题材内容有着密切的关系，因为写出好的体育报道的原则包括，"通过捕捉生动而又寓意深刻的引语把比赛的参与者写进报道"（Brooks et al.1996:369），而体育赛事的民众参与性恰恰决定了体育新闻报道事件的人物取向。

另外，大报与小报相比，《都市快报》的普通民众信源比《人民日报》的更多，表明小报的新闻报道更加平民化，更多地报道和反映民众的生活。这一结果与国外 Lewis（2004）等研究者的调查结果相一致（转引自 Clark 2010:144），尽管我们语料中对《每日快报》和《纽约时报》的调查结果不太吻合，这或许是由于我们的语料抽样数量还太小的缘故。

除此之外，英汉报纸的政治和商业新闻，尽管转述权威人士和普通民众言语的比例不尽相同，英文报纸分别为 54.45% 和16.79%，而中文报纸分别为 22.04% 和 6.72%，但其共同的语用策略都是倾向于转述权威人士的言语，如图1.2 所示。

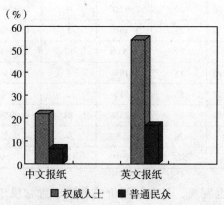

图1.2 政治和商业新闻权威人士和普通民众信源的比较

　　国外学者在对美国和瑞典新闻报道的信源使用比较研究中也发现同样的倾向，尽管美国新闻媒体比瑞典更加经常使用官方信源，因为官方信源和新闻媒体之间存在一个双向关系。一方面是，媒体需要依靠官方的权威声音来实现平衡报道的目的。另一方面是，政府官员可能利用媒体影响事件的框架以及以新闻发布会的方式释放特定的信息。这就开放了为那些理解新闻制作过程复杂性的新闻管理和媒体报道操纵的可能性，即利用政治精英影响事件的新闻框架（Dimitrova & Stromback 2009：77）。

　　中英新闻媒体报道倾向于转述权威人士言语的语用策略，无疑与新闻价值取向和新闻人从业习惯的影响有着密切的关系。在现实中，受新闻价值的影响，西方报业长期以来，担当新闻事实信源作用的最显著的人物以及新闻行为者并非任何人，而主要是政府首脑、地方官员、部门和职业管理人员等知名人士，他们是普通人士信源的四倍（Bell 1991：194），因为他们往往是单位和部门的领导以及行业的专家，"他们所处的地位让他们能够比其他人了解更多的信息。尽管他们可能也有其他的想法，他们提供的信息可能还是更加'准确'些，因为他们能够支配更多的'事实'"（塔奇曼 2008：102）。另一方面，那些拥有权威、名望和其他影响力的人士的姓名或头衔对受众具有极高的新闻价值，能产生较大的语境认知效果，"信息来源越是精英，新闻故事就越有价值"（Bell 1991：192）。因为从受众的反应来说，与普通民众的言论相比，受众一般更倾向于相信和认同权威专家的观点，而"绝大多数普通人永远也不可能登上新闻媒体的舞台"（甘斯 2009：18）。

　　另外，从新闻实践行业行为习惯来看，"新闻工作者更倾向于选择制度内的信息源，而不是普通人所提供的信息"（塔门曼 2008：102）。"通常，当记者开始为自己的报道打电话和安排采访时，他们倾向于寻找当地的政府官员或专家。这部分是因为这样做很快捷——这些群众中的人物很容易分辨，他们倾向于把与记者交谈视为他们工作的一部分，而且常常提供可以引用在报道中的好材料。……新闻报道还常常缺失普通公民的声音，这就是为什么哈沃德研究所提倡记者们花些时间在第三地带建设他们与普通公民之间关系的原因。"（吉布斯、瓦霍沃 2004：88）

不过，学术界已有批评指出，新闻媒介过分依赖政府官员及少数精英人物作为新闻报道的信源，在一定程度上反映的只是官方及精英的声音；利益团体也声称新闻媒介只注重某些团体的言论，忽视其他团体，造成新闻报道偏颇不公。正因新闻报道这种刻板与偏颇，美国新闻界研究认为，了解和关注平民社区普通民众的生活观念和行为事件对记者来说也同样重要，因为那有助于他们避免对不同寻常事物的过分强调，而使他们能够把报道放到人们每天的现实生活背景中。我国新闻工作提倡走基层的工作作风，其道理也正如沃尔特·哈林顿的新闻价值观那样："关于日常生活——人们在追求生命的意义和目标的过程中的行为、动机、情感、信仰、态度、悲伤、希望、恐惧和成就的报道，对普通的人类生存斗争提供一扇窗口的报道，应该成为每一份优秀报纸的灵魂。"（转引自吉布斯、瓦霍沃 2004：95—96）舒德森（2010：181）也认为，"官方来源主宰新闻的结论，无疑是对媒体的一种批判。根据这个说法，如果媒体要充分实现民主角色，势必要提供各种广泛的意见和观点，鼓励市民从中进行选择并对公共政策作出评论"。

在现实中，媒介话语是一个文化再生的工具，高度隐含在权力结构中，反映关于世界的价值。在转述话语中，选择给定谁的声音取决于特定的某些人而不是另一些人所给定的重要性。说话者的选择反映了文化信念系统和权力结构。国外学者的相关研究表明（Dimitrova & Stromback 2009：80），新闻报道引用普通市民或代表不同草根组织的人物信源是为了提供某一事件或问题的目击者叙述、草根的视角观点或人情味报道。

（二）人物信源与事物信源

在我们调查的语料中，转述话语的人物和事物信源共计 1007

个。从总体来看，人物信源在新闻报道中占 68.02%，频率最高。尤其是从不同语域新闻报道的比较分析来看，政治新闻中的人物信源呈现显著的语用倾向，占 37.37%，比商业新闻高出 6.71%，比体育新闻高出 5.40%，详见表 1.3。

表 1.3　　　　不同新闻语域人物和事物信源的比较

项目		人物	百分比	事物	百分比	合计
纽约时报	政治新闻	140	13.90%	35	3.48%	175（17.38%）
	商业新闻	85	8.44%	61	6.06%	146（14.50%）
	体育新闻	90	8.94%	16	1.59%	106（10.53%）
	小计	315	31.28%	112	11.12%	427（42.40%）
每日快报	政治新闻	58	5.76%	38	3.77%	96（9.53%）
	商业新闻	68	6.75%	27	2.68%	95（9.43%）
	体育新闻	47	4.67%	4	0.40%	51（5.07%）
	小计	173	17.18%	69	6.85%	242（24.03%）
人民日报	政治新闻	39	3.87%	21	2.09%	60（5.96%）
	商业新闻	20	1.99%	38	3.77%	58（5.76%）
	体育新闻	25	2.48%	8	0.79%	33（3.27%）
	小计	84	8.34%	67	6.65%	151（14.99%）
都市快报	政治新闻	19	1.89%	26	2.58%	45（4.47%）
	商业新闻	37	3.67%	39	3.87%	76（7.55%）
	体育新闻	57	5.66%	9	0.89%	66（6.55%）
	小计	113	11.22%	74	7.35%	187（18.58%）
合计		685	68.02%	322	31.98%	1007（100.00%）

由此看来，人物信源在政治新闻报道中表现出显著的语用倾向，这表明其与语域语境因素存在一定的相关性。也就是说，在政治新闻报道中，新闻记者更为关注和传递新闻事件中人物的言语思想和立场观点，更加倾向于借助新闻人物之口讲述记者希望说出的话语，而非新闻事件本身的事态指向。Geis（1987：78）认为，"非常普遍的是，尤其在政治报道中，关于事件的所言比事件本身更为重要"。

这说明，在政治新闻报道中，新闻人物的言语思想和立场观点比新闻事件本身更具新闻价值，因为新闻言语转述方式的选择很大程度上取决于报道者传递新闻价值信息的取向。巴赫金指出："表现思想观点的他人话语，如果对我们具有内在说服力，得到我们的承认，那它便可能起到完全不同的作用。在个人的思想观念形成过程中，这种他人话语具有决定性意义。"（Bakhtin 1981：345）

另一方面，从表1.3还可以进一步看出，关于事物和人物引语来源，在商业新闻报道中，中文报纸和英文报纸存在较大的语用差异。中文报纸的事物引语来源占57.46%，比人物引语来源多14.92%；而英文报纸的事物引语来源则占36.52%，比人物引语来源少26.96%，如图1.3所示。

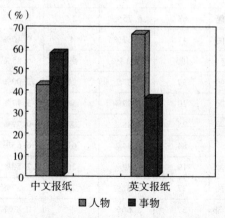

图1.3　英汉商业新闻中人物和事物信源的比较

在商业新闻报道中，人物和事物信源的语用差异或许说明，英汉报纸的记者思维习惯和报道重点有所不同，中文报纸的记者更为关注商业新闻事件的有关事实信息，而英文报纸的记者则可能更加侧重报道有关商业行为主体的人物观点。

再从新闻报道的语域来看，商业新闻使用事物信源（16.38%）远高于政治新闻（11.92%）和体育新闻（3.67%），如图1.4所示。

这一差异又进一步印证了转述话语信源的语用倾向与新闻报道

图 1.4　不同新闻语域事物引语来源的比较

的语域语境因素存在较大的相关性，商业新闻更多地关注和报道商业经济活动本身以及从事商业活动的机构实体，而政治和体育新闻则更加专注于报道新闻事件中的人物言语和思想观点。

西方学者指出，"如果新闻命题要想被接受为真实或可能的话，那么就需要有其他的方式来增加它们的真实性或可能性。"（van Dijk 1988：84）这些策略包括"大量使用数字、选择信息来源……尤其是有较高可信度的个人和机构的观点"（van Dijk 1988：94）。

（三）署名信源与匿名信源

西方主流媒体对于转述话语信源的使用强调"透明原则"：尽可能向受众提供转述话语信源的相关信息，使受众对信源情况有一个比较具体明确的认知，以便对转述话语信源及其提供的信息的可信度能有所判断，所以美联社的原则要求是：应提供引语信源的全名和确认该引语信源身份所需要的信息，包括年龄，头衔，所在公司、组织或政府部门的名称，如例（41）和（42）所示。

（41）No one expects it to start then, said **Sayed Salmony, 26, an informal master of ceremonies in Tahrir** who leads chants demanding the trial. "It will definitely be postponed," he said.

（*The New York Times*, July 23, 2011）

（没人期望那时开始审判，**萨义德·萨尔莫尼**说，**他 26 岁，是解放广场领颂圣歌的一个非正式司仪**。"务必推迟审判，"他说。）

（《纽约时报》2011 年 7 月 23 日）

(42) **Jean-Claude Juncker, the prime minister of Luxembourg and head of the euro zone finance ministers**, said details would be filled in "shortly, and shortly means as soon as possible."

(*The New York Times*, July 11, 2011)

（**让-克洛德·容克，卢森堡首相兼欧元区财政部长头目**说，详情将"尽快"披露。）

（《纽约时报》2011 年 7 月 11 日）

例（41）明确提供了信源的姓名"Sayed Salmony"（萨义德·萨尔莫尼）、年龄"26"、身份"an informal master of ceremonies"（非正式司仪）等信息；例（42）同样明确提供了信源的姓名"Jean-Claude Juncker"（让-克洛德·容克）、头衔"the prime minister of Luxembourg and head of the euro zone finance ministers"（卢森堡首相兼欧元区财政部长头目）等重要信息。

然而，一般情况下，记者即使使用匿名信源，也应对匿名的原因、动机等予以适当解释，以使读者能对转述话语的可信度有所判断，如例（43）和（44）。

(43) **A high-ranking monetary policy official, who would not be quoted by name**, said, "We got what we wanted."

(*The New York Times*, July 22, 2011)

（**一位不愿被引述姓名的高级货币政策官员**说，"我们得到了我们想要的东西"。）

（《纽约时报》2011 年 7 月 22 日）

(44) The campaign will cost ＄10 million over five years, and the Jockey Club is in discussions with NBC to create a series around next spring's Triple Crown prep races, **according to a person with knowledge of the discussions who spoke on condition of anonymi-**

ty because he was not approved to speak publicly.

(The New York Times, August 14, 2011)

（赛马会推动活动将五年花 1 亿美元，并与美国全国广播公司讨论设立明年春季三连冠系列预赛，**一位获悉内情但以匿名条件发言的人士**说。）

(《纽约时报》2011 年 8 月 14 日)

例（43）使用了"高级货币政策官员"的匿名信源，但同时清楚地提供了"不愿被引述姓名"的原因；例（44）也同样提供了匿名信源的相关原因"获悉内情但以匿名条件发言"。这一匿名信源表述，实质上也是一种遵循透明原则的体现。

有时记者还使用一些模糊指称而不提及姓名的方式来交代信源，这是匿名信源的另一种表达方式，例如（45）和（46）。

（45）**Pentagon officials** said they would be looking in the next two months at "gray areas" that might allow them to extend some benefits to same-sex married couples in the military.

(The New York Times, July 22, 2011)

（**五角大楼官员**说，他们在接下来的两个月中将考察可能让他们将一些好处延伸到部队同性婚姻伴侣的"灰色地带"。）

(《纽约时报》2011 年 7 月 22 日)

（46）**分析人士**指出，7 月出口规模再创新高，表明对外贸易继续稳中趋好。

(《人民日报》2011 年 8 月 11 日)

总的来说，在我们所调查的语料中，转述话语信源共计 1326 个，其中署名信源占 75.94%，匿名信源占 24.06%。就英汉报纸比较的绝对值而言，英文报纸的署名信源占 50.45%，比中文报纸的署

— 45 —

名信源（25.49%）多24.96%，而英文报纸的匿名信源占13.65%，比中文报纸的匿名信源（10.41%）多3.24%，如图1.5所示。

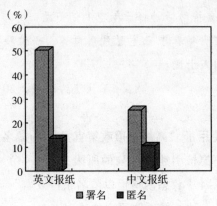

图1.5　英汉报纸署名和匿名信源的比较

但是，仅从匿名信源的横向比较相对值来看，英文报纸的匿名信源比中文报纸的匿名信源使用比例小，如图1.6所示，分别占21.29%和28.99%。

图1.6　英汉报纸匿名信源的比较

事实上，由于各种因素，转述话语信源对象并不总是愿意被道明身份，尤其是涉及敏感或机密性等话题时（Stenvall 2008：238），这往往成为记者采用匿名信源的主要原因。随着新闻挖掘的深入以及逐步接触事件真相的程度，匿名的和机密的信源使用会有所增加，提供相关信息的信源往往要求记者不要在报道中提及他们的姓名。关于水门事件的报道，卡尔·伯恩斯坦说，"因为不使用匿名信源，根本不可能采写那篇报道"（门彻 2003：403）。一项调查研究表明，《华盛顿邮报》从1970年到2000年有48.3%的全国性政治报道含有某种功能性身份的匿名信源，如 "senior White House official"（高级白宫官员）（Sheehy 2010：85）。密苏里新闻学院编写的《新闻写作教程》也曾指出，"不署名的信源是危险的。其重要理由是：其一，这样的信息缺乏可信性，令记者和记者所属的报纸受怀疑。其二，这样的信源可能会撒谎。他们可能为了对他人进行诋毁，或者放出一个试探性的气球，看看舆论界对某个问题或某件事反应如何"（Brooks，et al. 1996：141）。这比如说，路透社曾妄评2004年中国国务院新闻办发表的2003年中国人权白皮书，全文十五段，其中五段分别引用 "But activists and diplomats saw the government white paper as"（然而人权活动家和外交人士认为）、"The United States says"（美国说）、"Rights activists and diplomats in China agree"（在中国的人权活动家和外交人士赞同）、"said one Western diplomat"（一位西方外交官说）、"U. S. officials say"（美国官员说）等匿名信源报道，仔细一看，竟无一处交代他们是谁。这样，路透社记者的报道实质上是在玩弄文字游戏，貌似"客观""公正"，其实是记者自己站出来妄评说话（黎信 2009：176—177）。

因而，在新闻报道实践中，《华尔街日报》资深记者威廉·E.布隆代尔告诫指出，"对于匿名信源的使用一定要谨慎，因为这种方式已经成为了新闻界的瘟疫"（布隆代尔 2006：167）。《今日美国》的编辑方针宣称："《今日美国》报纸不接受身份不确定的信源。"（门彻 2003：403）全国广播公司新闻部前总裁迈克尔·加特纳（Michael Gartner）非常赞同《今日美国》的这一编辑方针。他指出，"匿名信源正在接管新闻界，它甚至出现在不得罪人的报道里。这是一种令人恶心的趋势，它腐蚀了报纸的可信度，使报纸变得更加不负责任。"（门彻 2003：403）

在我国，新闻界学者在关于保护秘密消息源的困境与突破的学术研讨中也指出，"新闻报道中随处可见'据悉'、'据调查'、'据了解'等词汇，随意使用匿名消息的现象十分突出"（《国际新闻界》2015：171）。

然而，在新闻报道中究竟应该如何使用匿名信源呢？新闻实践经验指出，"匿名引语应该用在不太重要的信息上，或者那些主要用于支持其他证据的引语上"（布隆代尔 2006：167）。具体而言，下面是一些通常应该遵循的基本守则和规范（转引自张宸 2008：28—29）：

1. 除非高级编辑相信，不引用匿名方式提供的信息，即无法使事件具备足够的新闻价值，否则不应引用匿名消息。

2. 除非高级编辑相信，可用的方式都已用尽后，仍然无法使消息来源具名提供信息，否则不应引用匿名消息。

3. 除非至少有两个消息来源，而且是第一手的渠道，否则不得报道匿名来源提供的消息。

4. 匿名消息来源如果只提供消息，但拒绝提供其他详情，或以"无可奉告"推搪，或者身份有可疑，则不得报道该消息。报道时特别要避免对某人指名道姓，却对他的身份不加说明，随后又在文章中引用他的话。从业者向读者而不是消息来源负责。

5. 个人的意见、看法，包括人身攻击，一概不得以匿名方式报道。

6. 引用匿名消息的时候，应尽量使读者明白消息来源与事实之间的关系，包括该人透露消息的动机及匿名的原因。

（四）网络信源与电子邮件信源

《美联社文体手册》（*The AP Stylebook*）告诫说："应深刻意识到使用来自互联网和电子邮件信源提供的信息所面临的潜在危险。所有这些电子信息——从计算机磁盘数据到电子邮件和网上贴的材料——都属于'有形'范畴，都受到版权保护，都是免受诽谤的指导规范。"（Itule & Anderson 2003：116—117）

《美联社文体手册》还强调："当新闻报道提到一个特定的网站或网络服务站时，应提供网络地址，即网络信息资源地址。对于读者来说，这是非常重要的信息。当利用网络地址获取更多的信息时，不要在报道中特别地提及，而应将其加注在报道末端。"（Itule &

Anderson 2003：117）

美国《费城调查报》（*The Philadelphia Inquirer*）采用的指导原则如下（Itule & Anderson 2003：117）：

1. 在线报道：使用在线的信源，如互联网或专用数据库等，应达到与其他类型的报道同等的新闻规范。

2. 在线采访：有些新闻人物和专家采访对象建议进行在线采访或电子邮件采访。这种采访方式一般情况下应避免使用。通常，面对面的采访是最理想的方式，其次是电话采访。在线采访——等同于事先提交一系列问题——不是即时和开放的。

3. 在线引用：基于电子邮件、新闻集团的帖子或其他在线信息的引语应该通过见面或电话加以证实。

美国宾夕法尼亚州立大学新闻学院教授拉塞尔·弗兰克（Russell Frank）指出（Itule & Anderson 2003：118），电子邮件信源当然是一个重要的方式，有些报纸采用这种信源形式报道："I was flabbergasted when the council took its vote," Commissioner Steve Jones wrote in ane-mail from his city hall office.（"当市政委员会表决时，我大吃一惊，"市政厅厅长斯蒂夫·琼斯在从他的市政厅办公室发来的电子邮件中写道。）

二 英汉新闻转述话语的信源引述句法结构差异

"转述和讨论他人的言谈、他人的话语，是人类言语交际的一个最普遍最重要的话题。我们在所有生活领域和意识形态活动领域里交流的话语，充满了他人话语，而转述他人话语时的准确程度和冷静程度又是千差万别。说话者集体的社会生活越是紧张、烦琐、层次高，在讨论的对象中他人话语、他人言论占的比重就越大，因为这能唤起人们的兴趣去传播、解释、讨论、评说、驳斥、支持、进一步发挥，如此等等。"（Bakhtin 1981：337）在新闻报道中，转述他人言语的引述方式如何不同程度地体现了这些语用功能的呢？下面我们通过对新闻转述话语信源引述方式的比较分析，揭示不同语言和不同语域在信源引述结构方式上的句法差异。

（一）英汉不同语言信源引述的结构差异

他人言语和思想转述的报道意图在一定程度上并不取决于转述引语本身，而取决于信源引述的元话语表述。我们根据信源引述结构的前置型、后置型和中置型句法类型对英文报纸《纽约时报》《每日快报》和中文报纸《人民日报》《都市快报》进行了定量分析，各报信源引述结构的具体分布情况详见表1.4。

表1.4　　　　　　　　　　英汉报纸信源引述结构的分布

统计 / 项目		前置型信源						后置型信源					中置型信源			合计
		信源归属	非限定式	评价结构	命题逻辑	零形式	小计	主位述位	主谓倒装	回指概述	传闻言据	小计	插入结构	衔接过渡	小计	
纽约时报	政治新闻	175	33	2	16	3	229	42	22	0	9	73	23	58	81	383
	商业新闻	133	13	5	4	2	157	60	14	0	15	89	16	20	36	282
	体育新闻	89	16	11	6	10	132	43	10	0	6	59	5	62	67	258
	小计	397	62	18	26	15	518	145	46	0	30	221	44	140	184	923
每日快报	政治新闻	144	9	4	1	30	188	29	9	0	4	42	2	13	15	245
	商业新闻	112	5	3	4	12	136	23	4	0	4	31	0	13	13	180
	体育新闻	70	9	6	1	98	184	9	5	0	0	14	0	16	16	214
	小计	326	23	14	5	140	508	61	18	0	8	87	2	42	44	639
人民日报	政治新闻	100	0	1	2	4	107	8	0	2	0	10	0	0	0	117
	商业新闻	98	0	7	1	1	107	1	0	1	0	2	0	0	0	109
	体育新闻	57	0	4	4	7	72	4	0	0	0	4	0	0	0	76
	小计	255	0	12	7	12	286	13	0	3	0	16	0	0	0	302
都市快报	政治新闻	51	0	0	9	10	70	0	0	0	0	0	0	1	1	71
	商业新闻	116	0	6	1	15	138	10	0	0	0	10	0	1	1	149
	体育新闻	65	0	12	33	2	112	3	0	1	0	4	0	5	5	121
	小计	232	0	18	43	27	320	13	0	1	0	14	0	7	7	341
合计		1210	85	62	81	194	1632	232	64	4	38	338	46	189	235	2205

从统计数据来看，英汉报纸新闻报道使用转述话语信源引述方

式的共同特点是都倾向于使用前置型信源引述结构（74.01%），而相对较少使用后置型信源引述结构（15.33%）和中置型信源引述结构（10.66%）。这一研究结果表明，记者在引述他人言语和思想观点时，通常先向读者交代转述话语的信息来源，让读者阅读起来一眼就明白是某人或某组织机构和团体的重要思想言论，以减少读者认知加工的努力。

从表1.4我们可以看出，就英汉不同语言的报纸特点而言，各报还是表现了较大的信源引述句法结构差异，具体反映在以下两个方面。

（1）中文报纸转述话语表达的引述结构相对单一，以前置型信源结构为主（94.25%），而后置型信源结构和中置型信源结构仅占极小部分，分别为4.67%和1.08%。但英文报纸转述话语表达的引述结构相对复杂多样，前置型信源结构占65.68%，后置型信源结构和中置型信源结构的使用频率不小，而且出现的频率相对均衡，各占19.72%和14.60%。这些差异说明英语新闻报道在转述他人言语和思想观点时句式变化丰富多彩，表现风格生动有趣，而汉语新闻报道在转述他人言语和思想观点时却句式变化整齐划一，表现风格单调呆板。

（2）英文报纸的转述话语表达出现一定数量的非限定形式信源引述结构，而中文报纸的转述话语表达却缺乏这种曲折变化形态的引述结构。此外，英文报纸的信源引述结构还出现较多主谓倒装结构和插入成分结构，而中文报纸的信源引述结构却缺乏相应的变化结构，但出现少数英文报纸中没有的回指概述结构。这些结构差异可能是由英语以形合为主导而汉语则以意合主导的语言系统自身的差异所导致的。

（二）英汉不同语域信源引述的风格差异

从英汉报纸的"政治新闻""商业新闻"和"体育新闻"等不同语域来看，新闻转述话语的信源归属无论是英文报纸（59.75%）

还是中文报纸（40.25%），也不管是大报（53.88%）还是小报（46.12%），都倾向于使用，而且使用得相对比较均衡。但是信源零形式的引述却呈现较大的语体差异，正式语体的大报较少使用，仅占13.92%，而不够正式语体的小报则更倾向于使用，尤其是在《每日快报》的体育新闻语域中占70%，政治新闻和商业新闻合计才占30%。这主要是因为小报连续多段转述同一人物言语的个性化报道风格比较浓重，如例（47）。

(47) He added, "If he is going to leave us the day before the season starts we're going to be right in the cart so we've got to get it done.

Ø "Adel wins games for you. He would set the Premier League on fire.

Ø "I am hoping things break down if I'm honest, but I think if they come up with the money then I am sure he will be on his bike.

Ø "There is nobody like Adel Taarabt but you've just got to move on. It's hard work to get players in anyhow.

Ø "I don't think I'll be getting any of the money, I think we have just got to look for Bosmans and look for shrewd acquisitions, loan players etc.

Ø "Try and do it on the smallest transfer fee outlet there's ever been.

Ø "We'll be trying to survive on that and that will be another achievement. "

(*The Daily Express*, July 21, 2011)

（他补充说："假如他在赛季开始前将离开我们的话，那我们得立刻奔波把球员交易处理好。

Ø "阿贝尔为你赢得比赛，他会纵火把英超联赛烧掉。

Ø"我希望如果我有诚意事件不会搞砸，但我又想如果他们提出要现金，那我敢肯定他会上路来的。

Ø"没人会像阿贝尔·塔拉布特那样，可你得行动起来。任何地方要找球员都不容易。

Ø"我想我没能弄到任何钱，我想我们得找到波斯曼斯，寻找精明的收购，租用球员，等等。

Ø"设法以最小的转会费去转让。

Ø"我们将那样度过，那或许会是另一个奇迹。")

（《每日快报》2011 年 7 月 21 日）

第二章

英汉新闻转述话语的转述动词比较

在新闻转述话语中，转述动词的选择隐含着记者对新闻事实信息或他人话语的某种态度立场及其责任承担的程度。在中西语言和文化差异的语境下，转述动词的选择使用究竟呈现怎样的语用差异特点及动因，是体现转述话语"如何转述"的一个重要层面。

第一节 英汉新闻转述动词的语用比较

由于英汉两种语言表达的结构差异，新闻报道转述话语使用的转述动词不尽相同，存在一定的使用类别和频率差异。但新闻话语的转述动词不管出现在直接引语还是间接引语中，其变化差异都比其他体裁话语的变化小，这或许是由于多数记者追求中立目标的原因（Floyd 2000：45）。

一 英汉新闻转述动词的语用分类

在转述话语的表述中，转述动词是一个连接转述引语的重要语篇衔接手段，具有引述直接引语或间接引语的话语功能。有研究表明，转述动词"be like"最初产生于 20 世纪 80 年代的美国英语口语叙述中，主要用于转述话语、思想、立场和内心独白（Buchstaller 2014：8），如例（1）：

（1） He's ［＝the teacher］ ah he**'s like** "I" ve lived in China-
town

and I know the Chinese'. ha ha

And I**'m like, like, like** "You do?"

Ah sure"

此外，转述动词 "go" 的引语转述功能至少在 18 世纪就已开
始使用（Buchstaller 2014：9），这从下面例（2）中的例证可以得
到佐证。

（2） a　1791　COWPER Retired Cat 79 His noble heart **went**
pit-a-pat.（OED）

b　1812　H. & J. SMITHRej. Addr. ， Theatre 25 Tang **goes**
the harpsichord.（OED）

c　1891　Daily News 24 Oct. 5/3 A tyre… that will ［not］ **go**
pop al of a sudden.（OED）

转述动词 "go" 最初的转述功能是模拟声响，后来发展延伸到
言语的转述（Buchstaller 2014：10），如例（3）。

（3） A：the other day I went into a bar,

and this guy asked me to dance.

all he saw was my hair,

and he **goes** "do you want to dance"？

I turn around and **go** "what"？

he **goes** "do you want to dance"？

I **go** "no no"．

he **goes** "oh oh I'm sorry",

I **go** "yeah, you better be".

I **go** "you better be".

B：that's hilarious,

但是，转述动词"be like"和"go"多见于非正式的口语叙事话语中，在我们所考察的新闻叙事转述话语中却未出现这样的转述动词。

因此，我们根据新闻语料中出现的转述动词，按其命题信息内容以及新闻施事行为范畴加以考察分类。下面，我们将新闻转述动词的施事行为归结为以下三种语用类别。

（一）言语转述动词

言语转述动词表明转述话语所表达的方式，在一定程度上，转述动词"框架"其后的表述。在转述他人言语内容的语境下，"say" "add" "state" "note" "说" "道" "问" "回应"等英汉言语转述动词往往具有引述被转述者原话语的话语功能，如例（4）和（5）。

（4）"I got lectured about that yesterday," he **said**. Still, he **added**, the Federal Reserve "should open their books up. "

(*The New York Times*, August 17, 2011)

（"我昨天开始宣讲的，"他**说**。他还**补充说**，联邦储备"应该开启账户"。）

（《纽约时报》2011 年 8 月 17 日）

（5）吴敏霞然后**补充道**："郭姐已经退役了，我们并不在寻找下一个她，我只想做好我自己。"

（《都市快报》2011 年 7 月 17 日）

值得指出的是，例（4）的言语转述动词"补充说"是由两个言语动词并列复合构成的一个描述性言语转述动词，形象地描述言说的言语行为，语料中类似的描述性言语转述动词还有"解释说""介绍说""回答说""通报说""警告说""总结道""评论道"等，这类复合式言语转述动词在汉语新闻报道语料中出现得较多。但是，英语新闻转述话语中这类描述性言语转述动词却极少使用，偶尔出现像例（6）"has reportedly claimed"（报告声称）这样的言语转述动词。而且英汉这类描述性复合言语转述动词的形态构式有所不同，汉语使用的是"动词 + 动词"的联合式结构，而英语使用的是"动词性副词 + 动词"的偏正式修饰结构。

另一方面，从言语行为的角度，转述言语行为动词实施动词所描述的行为，成为新闻作为交谈的语言特征。Bell 把新闻话语中这些以言行事的施事行为表达称为"新闻施为"（news performatives）（Bell 1991：206）。塞尔（2007：169）把奥斯汀的以言行事进一步分类为五种施事行为：一是断言行为，正确或错误地告诉听话者事物如何；二是指令行为，试图让听话者去做某事；三是承诺行为，有义务去做某事；四是宣告行为，通过言说引起世界的变化；五是表情行为，表达情感和态度。

在新闻转述话语中，转述言语行为动词传达了记者的某种立场态势。在转述他人或转述者自己的言语施事行为语境下，"tell""claim""declare""announce""指出""强调""解释""重申"等英汉言语转述动词隐含一定的言外之力，如例（6）和（7）。

（6）Suspect Anders Breivik **has reportedly claimed** he was re-cruited by two English right-wing extremists at a meeting in the UK in 2002 attended by seven other people.

（*The Daily Express*, July 25, 2011）

（涉嫌人安德斯·布瑞薇克 **报告声称**，他是 2002 年被两位英国右翼极端分子在英国一次由七位其他人参与的会上所招收的。)

(7) 全国人大常委会副委员长华建敏、陈至立出席会议。在听取有关部门汇报后，执法检查组组长华建敏作了讲话。他**指出**，今年执法检查的重点是，法律的宣传和贯彻实施情况，建筑、制造、采矿、餐饮等劳动密集产业中农民工劳动合同签订率情况，劳务派遣不规范、侵犯劳动者权益的情况，企业建立集体协商和集体合同制度的情况等。

(《人民日报》2011 年 7 月 6 日)

例（6）中的转述动词"claim"（声称）具有表明转述者对所转述的内容持否定态度和不认同的言外之力，意味着转述话语的命题内容只不过是被转述者自称而已。而例（7）的转述动词"指出"则隐含转述者对转述话语的命题内容表示赞同的语用之力。

（二）思想转述动词

在转述他人或转述者自己的思想观点语境下，"write""think""doubt""argue""表示""称""介绍""透露"等英汉思想转述动词用于直接或间接表述被转述者的思想行为，如例（8）和（9）。

(8) "The behavior was inappropriate and misleading," Mr. Chisam **wrote**, as he also detailed what he called inappropriate conversations and e-mails between a committee lawyer and Mr. Bonner and his staff about the case.

(*The New York Times*, July 18, 2011)

（"那行为不恰当，是误导"，奇萨姆先生**写道**，他还详细地记下那些他称之为委员会律师和博纳尔先生以及有关案件的员工之间不恰当的对话和电子邮件。)

(《纽约时报》2011 年 7 月 18 日)

（9）北京市委组织部常务副部长史绍洁**表示**，年轻干部只有到基层锻炼，才能真正与群众打成一片，学会处理复杂问题，不断提高素质能力，增强服务群众的本领，也只有在基层，优秀的、有培养前途的大批年轻干部才能够不断涌现出来。

（《人民日报》2011 年 7 月 11 日）

例（8）中"那行为不恰当，是误导"转述的是奇萨姆先生的内心认识，是一种思想行为的转述。例（9）中"年轻干部只有到基层锻炼，才能真正与群众打成一片……"是通过转述动词"表示"转述北京市委组织部常务副部长史绍洁的思想观点。在新闻报道中，这些思想转述动词具有表达转述者对事件的态度、感知、情感、立场等认识意义的话语功能。

（三）言据转述动词

在转述事件信息的事实依据语境下，"according to""show""indicate""获悉""了解""显示"等英汉言据转述动词用于间接表述新闻事件的命题内容，如例（10）和（11）。

（10）BAGHDAD—Iraq's political leaders appear set to miss a deadline this weekend for deciding whether to ask U. S. military forces to stay beyond December, **according to** Iraqi and American officials familiar with negotiations.

（*The Daily Express*, July 22, 2011）

（巴格达——伊拉克政治领导人似乎决定延后本周末作出决议的截止时间，即是否要求美国军队延期到十二月以后，据伊拉克和美国了解会谈内情的官员**透露**。）

（《每日快报》2011 年 7 月 22 日）

（11）会上**获悉**，上半年杭州发生各类事故次数和死亡人数均有不同程度下降。其中发生各类事故 1427 起，死亡 318 人，受伤 1139 人，直接经济损失 2209 万元，与去年同期相比，事故次数、死亡人数、受伤人数、直接经济损失分别下降 15.3%、7.56%、193.% 和 0.01%。

（《都市快报》2011 年 8 月 4 日）

例（10）的转述动词"according to"（根据）引出关于美国军事部队逗留时间的消息来源。同样，例（11）的转述动词"获悉"表明杭州各类事故伤亡人数消息的报道来源。这些言据转述动词在新闻报道中具有向读者传达客观意味的话语功能。

二　英汉新闻高频转述动词的语用比较

在我们考察的英文报纸《纽约时报》《每日快报》和中文报纸《人民日报》《都市快报》共 360 篇（20 多万字）的新闻报道语料中，根据使用频率的调查统计，排在前 20 位的英汉新闻转述动词及其使用频率分别详见表 2.1。

表 2.1　　　　　　　英汉新闻高频转述动词的比较

名称 序号	英语新闻转述动词（N = 1366）		汉语新闻转述动词（N = 574）	
	转述动词	频数（比率）	转述动词	频数（比率）
1	say	864（63.25%）	说	157（27.35%）
2	add	63（4.61%）	据	77（13.42%）
3	according to	46（3.37%）	表示	53（9.23%）
4	tell	38（2.78%）	认为	35（6.10%）
5	think	29（2.12%）	介绍	28（4.88%）
6	write	24（1.76%）	显示	28（4.88%）
7	suggest	22（1.61%）	指出	22（3.83%）
8	warn	15（1.09%）	称	21（3.66%）
9	argue	14（1.03%）	是	13（2.26%）
10	note	14（1.03%）	透露	9（1.57%）

续表

名称 序号	英语新闻转述动词（N = 1366）		汉语新闻转述动词（N = 574）	
	转述动词	频数（比率）	转述动词	频数（比率）
11	report	12（0.88%）	强调	7（1.22%）
12	acknowledge	11（0.81%）	预计	7（1.22%）
13	insist	11（0.81%）	道	6（1.05%）
14	believe	10（0.73%）	表明	6（1.05%）
15	admit	10（0.73%）	获悉	5（0.87%）
16	estimate	9（0.66%）	了解	4（0.70%）
17	confirm	8（0.59%）	问	4（0.70%）
18	ask	7（0.51%）	宣布	4（0.70%）
19	announce	7（0.51%）	发布	4（0.70%）
20	show	7（0.51%）	决定	4（0.70%）

从表 2.1 可以看出，英汉新闻转述话语使用高频转述动词的异同表现在以下几个方面：

（一）英汉新闻高频转述动词使用的共同特点

1. 从使用频率最高的转述动词来看，最显著的共同特点是英汉新闻转述话语几乎一致地选择使用中性言语转述动词"说"（say）和言据动词"根据"（according to）。这或许是由于英汉新闻转述话语的使用大体上都共同体现转述者对新闻报道的言论和思想转述尽可能保持中立的态度立场，同时也最为充分地体现英汉新闻事件的转述都遵循报道客观性和事实性的职业要求。

根据 Bell 的调查分析，"say"（说）是新闻报道最常见的中性言语动词，而"according to"（根据）是非常有效的非限制性中性转述动词（Bell 1991：206），往往用于增强新闻报道事实的客观性。这一分析论点也印证了我们的语料中言语转述动词"say"和言据转述动词"according to"使用频率居先的调查结论。

2. 由于语言表达的文体变化特点，中英文新闻报道使用表达"说"（say）的高频中性言语转述动词时，还常常出现一些与之相互补充替换的高频中性转述动词，如英语的"add"（补充说）、"note"（注意到）等，汉语的"称""道"等，使言语转述行为更具丰富多彩的变化，避免一律使用"说"（say）的生硬口吻和呆板风格。

3. 言语转述动词"ask"（问）、"announce"（宣布），思想转述动词"think"（认为）和言据转述动词"suggest"（表明）、"show"（显示）、"estimate"（预计）已成为英汉新闻转述话语共同使用的高频转述动词。

（二）英汉新闻高频转述动词使用的不同特点

1. 英汉新闻的言语转述虽然使用频率最高的言语转述动词都是"说"（say），但汉语新闻报道使用言语转述动词的高频用词却比英语新闻报道的用词更加丰富，除了"说"以外，还常常使用"指出""强调""表示""介绍"等带有一定感情色彩的言语转述动词。这一语用差异也印证了刘其中的中英新闻翻译处理经验。刘其中（2004：37）指出，在汉英新闻翻译中，原文使用的"指出""表示"等转述动词，翻译时一般可改译为"say"。

2. 在高频思想转述动词中，英语新闻报道的转述动词比汉语的更加丰富。汉语常用的高频思想转述动词仅出现"认为""透露"和"表示"，而英语的常用高频思想转述动词却有"think"（认为）、"argue"（认为）、"insist"（坚持认为）、"believe"（相信）、"acknowledge"（承认）和"admit"（承认），这使英语新闻报道对人物思想转述的语义更趋精细化。

三 英汉新闻转述动词的立场态势

所谓的立场态势（stance）指"社会行为者就结盟、权利、知识、信念、证据、情感和其他社会凸显范畴而言，在对话的体现的立场定位"（Du Bois 2001；转引自 Neff, et al. 2003：212）。在转述话语中，转述动词具有预示和支配语篇意义及立场态势的语用功能，在一定程度上显性或隐性地传达了转述者对转述命题态度的评价意义。Hyland

（1999：350）将学术论文转述动词的评价范畴分类如下，见图 2.1。

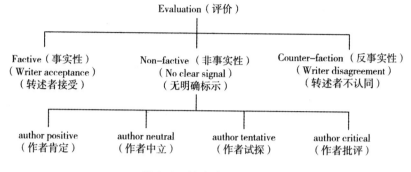

图 2.1 转述动词的范畴

转述动词的使用是一个重要的修辞选择。其一，转述动词表明转述者对转述信息的立场态势，其二，转述动词可以建构转述者对转述信息命题的接受或拒绝的立场态势，其三，转述动词让转述者解释被转述者的话语或行为（Thompson & Ye 1991：372—373）。根据 Hyland 的评价范畴分类，结合新闻价值判断的评价意义，我们把体现不同立场态势评价意义的新闻转述动词概括为下列三种类型。

（一）中性转述动词

客观性是新闻的价值所在，也是新闻报道的核心准则，体现这一准则的一个重要语言手段就是中性（neutral）转述动词的使用。这类转述动词通常在英语新闻报道中有："say"（说）、"state"（陈述）、"add"（补充说）、"tell"（告诉）、"write"（写道）、"express"（表达）、"explain"（解释）、"show"（显示）、"according to"（根据）等；汉语新闻报道中有："说""表示""显示""据说""据悉"等。

言语动词可表达转述者对转述话语的态度，Bell（1991：207）认为，"转述动词可以是评价性的，在如何解释说话人的陈述时确定受众的基调"。"Say"（说）通常被认为是中性言语动词，引入没有评价的表述，仅表明转述他人的言语，而非添加反映说话目的或方式的言外之力，它可用来转述任何类型的语言事件——陈述、疑问、命令、建议等。因此，简单朴实的"say"（说）是新闻报道用于体现不偏不倚的首选转述动词。在我们的调查语料中，英汉新闻报道对信息命题内容转述体现中立态势频率最高的转述动词是"say"（说）、"说"，其中英语转述动词"say"（说）（63.25%）使用的频率远高于汉语的转述动词"说"（27.35%）。

Bell（1991：206）和 Caldas-Coulthard（1994：305）认为，动词"tell"（告诉）和非限定形式的"according to"（根据）也是中性转述动词。在语料考察中，我们发现，中性转述动词"state"（陈述）表明没有添加自己的观点，多用于转述精英人士所说的话，所以在转述公诉证词的时候，选择使用这一转述动词非常贴切。中性转述动词"add"（补充说）表示说话者已经转述过他人的话，需要再作补充。

（二）积极转述动词

新闻报道虽然力求做到精确、客观和公正，但"除了少数关于自然现象和部分科技成果报道外，绝大部分新闻报道都是'客观'的背后有'主观'，都有程度不同的思想倾向"（彭朝丞 2002：44）。在再现真实世界的新闻报道，特别是消息报道中，作者则可能隐身幕后叠加自己的声音。在新闻实践中，转述动词的选用在一定程度上折射出报道者隐含的态度和评价。在新闻转述话语中，除了中性转述动词未掺杂报道者的主观声音以外，其他转述话语的言语行为动词都不同程度地施行报道者某种观点的态度倾向。转述者常常使用积极（positive）转述动词 "advocate, hold, maintain, assert, acknowledge, point out, confirm" "指出、强调、宣布、决定"等表达转述者对转述信息的接受、认同和肯定的立场态势。例如：

(12) Mayors Against Illegal Guns, a group of more than 400 mayors headlined by Mr. Bloomberg and Thomas M. Menino of Boston, sent a letter to Mr. Reid and Speaker Nancy Pelosi of California **pointing out** that at least 31 states required gun owners to take a fire-

arms training course to receive a permit and that at least 35 states banned those convicted of certain misdemeanors from carrying a concealed weapon.

(The New York Times, July 22, 2009)

（反对非法持有枪支的市长们，以布隆伯格先生和托马斯·M. 美尼诺为首的 400 多名市长组成的群体，在给瑞德先生和加利福尼亚发言人南希·佩尔西的书信中**指出**，至少 31 个州要求枪支持有者接受枪械训练获得许可，至少 35 个州要求禁止，认为携带隐藏武器构成轻罪。）

（《纽约时报》2009 年 7 月 22 日）

（13）通知**强调**，学习胡锦涛同志的重要讲话，要坚持理论联系实际，紧密结合实现"十二五"时期经济社会发展目标任务，紧密结合坚持科学发展这个主题和加快转变经济发展方式这条主线，紧密结合本地区本部门本单位工作实际，注重解决好工作中存在的突出问题和群众生产生活中遇到的突出困难，把学习效果转化为加强和改进工作的实际成效。

（《人民日报》2011 年 7 月 3 日）

例（12）中的报道看似不偏不倚，记者明确提及声音指向，但转述话语的言语行为动词"pointing out"（指出）却隐性地叠加了报道者对转述命题内容表示认同的一种态度倾向，即表明记者同意书信作者"Mr. Bloomberg"（布隆伯格先生）和"Thomas M. Menino"（托马斯·M. 美尼诺）市长的意见，因为转述者选择积极转述动词"point out"往往表明转述者同意作者的意见这一隐性评价意义。

例（13）在转述主题为"认真学习贯彻胡锦涛同志在庆祝中国共产党成立 90 周年大会上的重要讲话精神"的新闻报道中，记者选择积极转述动词"强调"，隐含对通知内容给予充分肯定和高度重视的立场态势，英汉积极转述动词"强调""stress/emphasize（强调）"

— 65 —

经常出现在某某领导人言语的转述方式中，因而多见于硬新闻的报道之中。

积极转述动词"declare"（宣布）表达"依照规则或习俗正式向公众宣布"或"以强有力、不容置疑的方式宣布"的含义（黎信2009：16）。

（三）消极转述动词

消极（negative）转述动词的使用隐含转述者对被转述的信息命题内容持有一定程度的怀疑或不认同的评价立场态势。例如：

（14）Poor West Virginia once again **claimed** the lowest rank in the latest Well-Being Index report, a spot where it has languished for several years.

(*The New York Times*, August 22, 2011)

（贫困的西弗吉尼亚再次**声称**最近幸福指数报告等级最低，那是一个多年贫困潦倒的地方。）

（《纽约时报》2011 年 8 月 22 日）

（15）当下半场中国队在王仕鹏、王治郅等老将的努力下把比分追近到两三分后，缺乏关键人物的问题还是很明显，这就让人不难理解，为何姚明退役的消息满天飞，还有消息**称**篮管中心希望姚明再打一届奥运会。

（《都市快报》2011 年 7 月 16 日）

例（14）中记者使用消极转述动词"claimed"（声称）则强烈暗示或表明对转述信息保持一定距离的疏离立场态势，意味着转述者对该转述信息命题的真实性不承担责任，因为转述动词"claim"（声称）往往隐含言说者自己声称某事，报道者不承担言说者所说话语的责任或不一定同意他所说的话（Caldas-Coulthard 1994：295）。同样，例（15）中的转述动词"称"也隐含报道者对"篮管中心希望姚明再打一届奥运会"的命题内容不敢苟同，仅为消息所称，报道者只是将这一消息转达给读者而已。消极转述动词的这种使用策略蕴涵隐性评价意义，读者意识到这一点很重要。

消极转述动词"assert"（断言/力陈）的使用往往隐含权威性遭到质疑乃至挑战，转述动词"allege"（声言）则隐含没有证据或在证据没有被确认之前的所称的评价意义，表明被报道的内容尚未被认定是事实，报道内容不一定对。另外，"allege"还是个法律用词，表达"提出……作为理由"的推论之意。

由于消极转述动词隐含转述者一定程度不认同的评价立场态势，所以新闻报道中记者会谨慎使用，因此出现的频率较低。

第二节　英语新闻转述动词的时体变异比较

在新闻报道间接转述话语的时体使用中，转述动词为过去时的叙事语境下，转述话语通常遵循"逆移"规则使用相应的"相对时体"，但有时出于特定的交际意图也可能违背"逆移"规则出现时体使用的变异，选择使用有标记的"绝对时体"。当句法进入语篇以后，有时其句法关系的形式规则被打破，而依从于语篇层面某些特定语用功能的制约。识解其使用的语篇现实涉及句法、语义和语用接面的多种因素的相互作用。（参见赖彦 2015：24）

一　时体应用的相关理论概要

（一）时体与时间

时体具有时间意义。时间概念涉及具体的言语发出时间 S（Speech Time）、参照点时间 R（Reference Time）和事件发生的时间 E（Event Time）（Smith 2007：421）。时体的时间意义是特定时间结构关系的语法表现，它体现言语发出时间和参照点时间之间的关系特征。在时间轴线上，人们通常把时间表达分为现在、过去和将来，用符号表示成"——t_0——→", 其中 t_0 (temporal zero-point) 为时间零点, 表示现在的说话时刻 (present moment of utterance), t_0 向左为过去时间, t_0 向右为将来时间。这里的"现在", 是过去和将来两者之间移动的界限, 它沿着如图所示的直线不断向右移动。在现实中, "现在"所表示的时间概念具有一定的延续性, 延续的时间跨度因情况的不同而有很大的差异 (Jespersen 1924: 258)。假如以现在说话时刻为指示中心, 按照时间轴线上的时间参照点关系构成三种基本的时体: 现在时 (present tense)、过去时 (past tense) 和将来时 (future tense) (Comrie 1985: 36)。"现在时"意味着情景中事件发生的时间和现在说话时刻具有同时性 (simultaneity) 的时间关系 (E, S), "过去时"所表达的事件发生时间先于现在说话时刻 (E < S), 而"将来时"所表达的事件发生时间则后于现在说话时刻 (E > S)①。

根据 Declerck 的时体理论, "现在"又可进一步分为"前现在区域" (pre-present sector)、"现在区域" (present sector) 和"后现在区域" (post-present sector) (Declerck 1990: 514)。这三个时间区域被视为绝对区域, 因为它们都是与现在说话时刻的直接关系所界定的, 分别对应的时体是"现在完成体" (present perfect)、"现在时" (present tense) 和"将来时" (future tense)。在转述话语中, 表达一个事件所用的时体通常要么归于现在时、过去时或将来时, 要么根据某一特定时间表示与那个特定时间相对应的过去时体。

(二) 绝对时体与相对时体

在英语时体系统中, 有绝对时体和相对时体之分。绝对时体以现在说话时刻为指示中心, 其参照点时间定位于现在说话时刻 (Comrie 1985: 36), 而相对时体的参照点时间则是语境中给定的某一时间点 (Comrie 1985: 58)。也就是说, 绝对时体表达事件发生的

---

① 这里"E, S"中的逗号, 表示 E 和 S 时间点之间为"同时的" (simultaneous) 时间关系, "E < S"中的符号"<"表示"prior to" (先于) 的时间关系, "E > S"中的符号">"表示"after" (后于) 的时间关系, 参见 Smith (2007: 423)。

时间与现在说话时刻直接相关，而相对时体则表达事件发生的时间与某一情景的参照点时间相关，而不是与现在说话时刻相关。为了理解转述话语中绝对时体和相对时体的使用区别，这里引入时间域（temporal domain）的概念。"一个时间域指一个时间段区域，这个时间段区域被一个与特定的时体形式相关的情景时间所占有，或由多个特定的时体形式在时间上彼此关联的情景时间所占有。"（Declerck 1990：515）在间接转述话语中，绝对时体的使用意味着其小句复合体的时体是在各自的时间域中定位其时间参照点的，而相对时体的使用则是在相同的一个时间域内定位其时间参照点，如例（16）。

（16）John **said** that he **had worked** hard all day, that he **was tired** and that he **would go** to bed early.

（约翰**说**他努力地**工作了**一整天，**累了**将早点**去睡**。）

（Declerck 1990：515）

例（16）中主句的转述动词过去时"said"是一个绝对时体，表达一个以现在说话时刻为时间参照点的时间域，而嵌入小句中的"was tired"则不同，它不是以现在说话时刻为时间参照点，而是以"said"的言语发出时间作为时间参照点，体现与"said"具有同时性的时间关系，因而是一个相对时体。同理，过去完成体"had worked"和过去将来时"would go"也类似属于相对时体，皆以同一过去时间域中的"said"作为时间参照点，分别表达在其之前和之后的时间关系。

（三）时体使用与逆移规则

关于间接转述话语的时体使用，Comrie（1986：284—285）提出了两个使用规则假设：（1）如果转述动词的时体为非过去时，那么原话语的时体就保留；（2）如果转述动词的时体为过去时，那么原话语的时体就逆移为过去的时体，除非间接转述话语的内容具有延续的适用性，那逆移才是选择性的。

Declerck（1990：514）在讨论英语时体使用问题时强调，"形式化的时体使用假设并非总是正确的判断"，进而提出了两个假设原则："（1）在间接言语中，补语小句（complement clause）原则上可以使用绝对时体或相对时体。也就是，补语小句的情景可转换时间域（建立一个新的时间域），也可融入主句所指的时间域；（2）假如两个小句指涉同一个时间域，那么补语小句的相对时体使用是无标记的。这意味着，在这样的句子中，相对时体总是可能的，但格莱斯的会话准则允许使用绝对时体，只要绝对时体未表达的情景时间通过时间副词、语境或听者的语用世界知识而清楚明确。"（Declerck 1990：519）。

虽然 Declerck 对 Comrie 的时体使用"逆移"规则作了进一步的阐释，并指出在实际语境中有违背"逆移"规则使用绝对时体的可能性。然而，其本人和 Comrie 对间接转述话语违背"逆移"规则可能出现的时体使用变异未作进一步的充分探讨，目前也尚未发现其他学者对这一问题有过专门的深入研究和实证支持，尽管 Salkie 和 Reed（1997）提出了转述话语时体的语用假设、Davidse 和 Vandelanotte（2011）讨论了直接和间接转述话语的时体使用问题、任绍曾（1995）阐释分析了时体的语篇功能以及何伟（2007）对比研究了时体一致现象的理论假设。下面我们将着重讨论间接转述话语违背"逆移"规则的时体变异现象。

二 时体变异的表现类型

在新闻报道的间接转述话语中，当主句转述动词使用过去时，如果嵌入小句未遵循"逆移"规则使用相对时体，而选择使用绝对时体，那就出现时体使用的变异现象。在所考察的语料中，这一变异现象有以下三种表现类型：

（一）转述动词使用过去时，嵌入小句使用一般现在时

当间接转述话语主句转述动词使用过去时（past tense），嵌入小

句可能出现使用一般现在时（simple present tense）的变异，如例（17），下文简略为"PT + SPT"。

（17）A senior official from the immigration agency at the hearing said they had been surprised by the strong criticism. "In spite of what we've been trying to do to get the word out about what Secure Communities is, we clearly are not making ourselves clear," said Gary Mead, a top official in charge of deportations. He **said** that the local police generally **avoid** arresting victims or witnesses of crimes.

(*The New York Times*, August 25, 2011)

（在听证会上一位来自移民机构的高级官员说，他们对强烈批评感到震惊。"虽然我们一直试图表达安全社区是怎么一回事，但明显我们没有把自己的意思表达清楚，"一位负责驱逐事务的高层领导加里·米得说。他**说**当地警察通常**避免**逮捕受害者或目击者。）

（《纽约时报》2011 年 8 月 25 日）

奥巴马政府计划在全国各地部署更多联邦移民执法人员，并实施与各地合作的社区安全计划，以加强驱逐非法移民出境的措施，但这一计划方案引起了一些地方当局的不满和批评，于是奥巴马政府成立了一个"驱逐非法移民出境计划"的专案组，并举行了四次公开听证会。例（17）是关于听证会的新闻报道，援引了一位移民机构高级官员和一位负责驱逐事务的高层领导加里·米得的言语，按照时体使用的"逆移"规则，主句"He said"使用了过去时，嵌入小句"the local police generally avoid arresting victims or witnesses of crimes"本该使用相应的过去时体，如同前一小句"they had been surprised by the strong criticism"转述移民机构官员的言辞那样，但此处却违背"逆移"规则，使用了一般现在时，强调"当地警察通常避免逮捕受害者或目击者"这一常规执法行为的命题信息，突出一般现在时表达"习惯性行为"这一时体意义，显现转述现在时刻记者对警察当局驱逐非法移民行为遭指责的辩解语用之力。

这里"PT + SPT"的时体使用变异涉及转述视角的时间焦点转移。时间焦点指的是转述者"在特定小句中投向注意的时间，这一时间决定着某一时体的使用选择"（Declerck 2006：573）。在新闻语篇的间接转述话语时体使用变异中，转述者的时间焦点从转述事件的"过去时间域"转移到转述话语事件的"现在时间域"，使新闻故事的"现在"与现实世界的"现在"相重叠，实现"双重可及性解读"（double-access reading）（Ogihara 1995：177；Abusch 1997：40），因而使得间接转述话语的绝对时体取代相对时体的变异使用成为可能。

（二）转述动词使用过去时，嵌入小句使用现在完成体

当主句转述动词使用过去时，嵌入小句也可能出现使用现在完成体（present perfect）的变异，如例（18），下文简略为"PT + PP"。

(18) Last week, the Bank of England's quarterly inflation report said there was a "good chance" the cost of living would rise to 5 per cent by the end of the year before falling back throughout next year. Goodwin said: "The impact of lower inflation should be felt next spring."

Bank of England governor Mervyn King also **said** last week that the UK's near-term growth prospects **have weakened** as a consequence of a slowing global economy.

(*The Daily Express*, August 14, 2011)

（上周，英国央行的季度通货膨胀报告说，在明年通货膨胀回落之前"很可能"生活消费到年底上涨百分之五。古德温说，"通货膨胀的影响明年应当会感觉到较小。"

上周英国央行行长金恩也**说**，由于全球经济的缓慢状态，英国近期的经济涨势**受到削弱**。）

（《每日快报》2011 年 8 月 14 日）

例（18）中报道的新闻事件虽然是在过去时间（上周）发生的事情，但转述话语的嵌入小句并未使用"逆移"规则所要求的"过去时"或"过去完成体"，而选择使用了"现在完成体"（have weakened），隐含所报道的"季度通货膨胀"（quarterly inflation）并不是纯粹的过去行为事件，而是强调这一过去行为事件对"英国近期经济发展不景气"结果的一个重要影响。因此，在"PT + PP"的时体使用中，选择现在完成体的变异使用所突显的是过去行为事件对当前相关新近事态有重要影响的时体意义。

（三）转述动词使用过去时，嵌入小句使用现在将来时

当主句转述动词使用过去时，嵌入小句还可能出现使用现在将来时（present future tense）的变异，如例（19），下文简略为"PT + PFT"。

（19）WASHINGTON—President Obama **will endorse** a bill to repeal the law that limits the legal definition of marriage to a union between a man and a woman, the White House **said** Tuesday, taking another step in support of gay rights.

(*The New York Times*, July 19, 2011)

（来自华盛顿的消息——奥巴马总统**认可**废除将婚姻双方法律界定为一男一女的法令，星期二白宫为支持同性恋者权利采取另一措施时**说道**。）

（《纽约时报》2011 年 7 月 19 日）

将来时体形式指示离现在说话时刻具有一定时间距离的未发生事件，但在例（19）的"PT + PFT"时体使用变异中，将来时语法

形态的"will"实际上已不单纯地指示时间概念上将来发生的事件，而可能表达"去语法化"（degrammati-calization）的认识情态词汇范畴意义。Norde（2009：121）把"去语法化"定义为沿着语法化斜坡（实义词＞语法词＞附着形式＞屈折词缀）从右向左的逆向替变，所以例（19）的语法词"will"着眼于表达"意愿"的去语法化实义词意义，体现将来时体弱化与认知情态倾向的形态句法特征。

白解红和石毓智（2008：74）指出，"当人们使用将来时的时候，他们往往是根据目前的现实信息，对未来事件发生的可能性进行诠释：可以是一种纯客观的未来要发生的事件，也可以是主观上估计其发生可能性的高低。如果是后一种情况，就出现了认识情态问题。人们在使用将来时的时候经常遇到主观估计的问题，久而久之将来时标记就衍生出了认识情态的功能。"其实，将来时形态"will"的认识情态"意愿"意义与"将来"也有着不解的关系。李基安（2000：26）认为，"意愿既是一种现时的心态或心愿，也是一种有待将来实现的意图或向往。当 will 表示'意愿'时，大都同时表示'将来'"。

三 时体变异的分布特征

本研究选取的语料随机取样于美国严肃大报《纽约时报》和英国通俗小报《每日快报》的 180 篇新闻报道语篇，题材涉及政治新闻、商业新闻和体育新闻。这些不同报纸和不同题材的语料选择主要基于对英国英语和美国英语的语言个体差异、大报与小报的风格差异以及题材特点差异等因素可能对时态使用产生影响的考虑。

在我们所考察的新闻报道语篇中，间接转述话语共 720 例，其中主从复合小句的时体使用出现三种情况：（1）主句转述动词为非过去时，嵌入小句使用各种不同时体的时体使用 108 例，占 15.00%；（2）主句转述动词为过去时，嵌入小句遵循"逆移"规则的时体使用 458 例，占 63.61%；（3）主句转述动词为过去时，嵌入小句违背"逆移"规则的时体使用变异 154 例，占 21.39%。可见时体使用的变异在新闻语篇中并不罕见，也非个案特例。

从时体使用变异的分布来看，（1）在"PT + SPT"的时体使用中，一般现在时的变异出现得较多，共 101 例，其中《纽约时报》57 例，占 37.01%；《每日快报》44 例，占 28.57%。（2）在"PT + PP"的时体使用中，现在完成体的变异出现得较少，共 28 例，其中《纽约时报》15 例，占 9.74%；《每日快报》13 例，占 8.44%。（3）在"PT + PFT"的时体使用中，现在将来时的变异出现得最少，仅 25 例，其中《纽约时报》16 例，占 10.38%；《每日快报》9 例，占 5.85%。由此可见，一般现在时的整体使用频率最高，占 65.58%，远远高于现在完成体（18.18%）和现在将来时（16.24%）。

就新闻语域不同题材语篇的分布而言，政治新闻报道语篇和商业新闻报道语篇使用时体变异的情况较多，分别占 48.70% 和 38.31%，而体育新闻报道语篇则较少，仅占 12.99%。详见表 2.2。

表 2.2　　　　　　　　时体变异的使用频率和分布

项目	一般现在时		现在完成体		现在将来时	
纽约时报	数量	比率	数量	比率	数量	比率
政治新闻	27	17.53%	8	5.20%	5	3.24%
商业新闻	25	16.24%	5	3.24%	9	5.85%
体育新闻	5	3.24%	2	1.30%	2	1.30%
小计	57	37.01%	15	9.74%	16	10.39%
每日快报	数量	比率	数量	比率	数量	比率
政治新闻	26	16.88%	6	3.90%	3	1.95%
商业新闻	12	7.79%	3	1.95%	5	3.24%
体育新闻	6	3.90%	4	2.59%	1	0.66%
小计	44	28.57%	13	8.44%	9	5.85%
合计	101	65.58%	28	18.18%	25	16.24%

四 时体变异的语境条件

（一）一般现在时变异的语境条件

（20）That's why it set off a national consumer scandal when one of China's biggest state-run media outlets reported last week that it had discovered a tawdry truth: **some of DaVinci's imported Italian furniture**, the report said, **is actually produced at a factory in southern China**.

（*The New York Times*, July 12, 2011）

（那就是为什么上周中国最大的国有媒体报道揭示了一个令人讨厌的真相，着手平息全国消费者的传闻：报道说，**达芬奇家具店的一些意大利进口家具实际上是中国南方的一家工厂生产的**。）

（《纽约时报》2011 年 7 月 12 日）

例（20）中粗体部分的转述话语"达芬奇家具店的一些意大利进口家具实际上是中国南方的一家工厂生产的"的命题内容使用了"一般现在时"这一绝对时体，隐含报道者对转述信息命题的一种信念态度，因为其绝对时体的使用意味着报道者确信那是"既定事实，并对其信息的真实性负责"（Nakayasu 1998：365）。假如改用过去时，那就只是陈述过去那一行为事件，意味着现在的事件状态可能不再如此，因为"过去时标示的是一个过去时间的行为或状态，不再延续到现在时刻"（Hinkel 2004：148）。由此可见，时体使用变异"PT + SPT"中的"一般现在时"必须满足以下两个语境条件（赖彦 2014：123）：

1. 命题内容的真值条件：转述话语的事件或状态具有一定的延续性，且其命题性质直到转述者的"现在"仍然真实有效，除非有

— 76 —

可撤销的语境明示，如 "（Do you know what John said yesterday?）He said I am gay, but that's not true!"

2. 转述视角的转移：叙事时间焦点从转述者的 "过去" 转移到被转述者的 "现在的说话时刻"，且使这一情境中的 "现在的说话时刻" 与现实中的 "现在的说话时刻" 相重叠（overlap）（E，S）①，具有 "双重可及性的解读"。

（二）现在完成体变异的语境条件

（21）A poll released last week said **Mr Chavez's public approval rating remains at 50% and has not significantly varied since his cancer diagnosis.**

（*The Daily Express*, July 26, 2011）

（上周发布的民意调查说，**查韦斯先生的公众支持率仍然保持 50%，而且他被确诊为癌症以来一直没有发生有意义的变化**。）

（《每日快报》2011 年 7 月 26 日）

例（21）报道的新闻事件虽然是在过去时间（"上周"）发生的事情，但转述话语的时体序列并没有使用 "过去时" 或 "过去完成体" 的相对时体，而选择使用了 "现在完成体" 这一绝对时体。这是因为其转述的命题内容 "查韦斯先生的公众支持率仍然保持 50%，而且他被确诊为癌症以来一直没有发生有意义的变化" 不是纯粹的过去行为事件，而是隐含这一过去事件的当下重要影响。

实际上，现在完成体的这一特定功能有学者称之为 "热点新闻"（hot news）现在完成体的用法（Decker 1985；Schwenter 1994），它

---

① 这里 "E，S" 中的逗号，表示 E 和 S 时间点之间为 "同时的"（simultaneous）时间关系，下文中 "E < S" 中的符号 "<" 表示 "prior to"（先于）的时间关系，"E > S" 中的符号 ">" 表示 "after"（后于）的时间关系。

"倾向于报道过去较为新近的事件"（Elsness 2009：234），强调过去事件自身信息价值的重要意义。Schwenter（1994：1002）认为，"现在完成时报道热点新闻的用法隐含的不是过去事件与现状之间的关系，而是因其重要意义和新近性把事件标识为与现在的说话时刻相关联"。Carter（2000：3）等也指出，"现在完成时用于说话者认为就现在而言至关重要的事件"。

因此，时体使用变异"PT + PP"中的"现在完成体"的语境条件可概括为：

1. 当前的关联性：过去的事件行为对当前相关事态的重要影响或产生的结果；

2. 事件的新近性：转述事件的过去视角转移到被转述事件的新近时间焦点（E < S，R），使转述者从过去时间域中解脱出来，感知身边发生的新近事件。

（三）现在将来时变异的语境条件

(22) Sales in the current period **will increase** 10 percent, plus or minus 2 percentage points, from the second quarter, the company **said** late yesterday.

(*The Daily Express*, July 22, 2011)

（从第二季度开始，当前一段时期的销售**预计增加**10%左右的两个百分点，公司在昨天的晚些时候**说**。）

（《每日快报》2011 年 7 月 22 日）

例（22）中转述话语的"will increase"（预计增加）实质上表达的是转述者"现在时刻"对一个未来事态的预见，并不是单纯表达将来事件发生的不然性，其中的将来时态语法标记"will"更加突出体现了去语法化的词汇认识情态意义特征。所以在时态序列变异"PT + SFT"中，一般将来时形态"will"使用的语境条件是：将来时态的弱化与认识情态倾向的有机结合，其中"will"表达基于可察见的事实而非猜测的预见行为，而不是纯粹将来必然发生的事件。

五 时体变异的语用动因

我们在考察分析中发现，上述三种时体变异的选择使用与新闻报道语篇特有的语义特征和语用功能密切相关，具体表现在如下几个方面：

（一）新闻的真实性与一般现在时

真实性是新闻报道的生命线，也是媒体对记者的从业要求。在新闻报道语篇中，当转述话语的事件或信息状态具有一定的延续性，且直至"现在时刻"仍然真实有效时，记者可能为了突出这一转述命题信息真实性的报道意图，有意违背时态序列的"逆移"规则，选择使用一般现在时的变异，如例（23）。

(23) The greatest risk to the prospects for global demand **is** the eurozone sovereign debt crisis, he **said**. Economists were divided this weekend on the effect that last week's riots would have on UK growth as measured by gross domestic product（GDP）.

（*The Daily Express*, August 14, 2011）

（他**说**，对全球需求前景带来的最大危机**是**欧元区的主权债务危机。经济学家本周末就上周的骚乱事件对国内生产总值衡量的英国经济增长所产生的影响持不同意见。）

（《每日快报》2011 年 8 月 14 日）

在例（23）中转述动词是过去时的叙事语境下，转述话语命题内容"The greatest risk to the prospects for global demand is the eurozone sovereign debt crisis"（对全球需求前景带来的最大危机是欧元区的主权债务危机）的表述时体，没有遵循"逆移"规则所要求的过去时，而是细心地选择使用了一般现在时,体现了转述者确信其转述命题内容现在仍然真实有效、符合事实,并希望读者与其一致接受这一事实信息的语用意图。如果使用相应的过去时,其情形则意味着现在可能依然一致,也可能不一致,"隐含现在不再真实有效"(Declerck 2006:581)。

于是,新闻报道有时在转述一些关键性的重要事实或数据时,有意识地选择使用一般现在时,以突出转述者对新闻转述事件的事实信念以及责任态度,相信其转述信息是"既定事实","对其真实性负责"(Nakayasu 1998:365)。反过来,假如转述话语的命题内容与事实或常识相悖,如 "John heard two years ago that Mary is pregnant.",那所转述的言语使用一般现在时就无法成立,除非有可撤销的语境明示,如 "(Do you know what John said yesterday?) He said I am gay, but that's not true!"

(二) 新闻的时效性与现在完成时

时效性是新闻的本质属性,决定着新闻的信息价值。它包含新闻事实本身价值的重要性和新闻事实报道的时间性(晁阳 2001:33)。为了告知读者新近发生的重要事件或事件发展的最近状态,记者在转述动词为过去时的间接转述话语中可能使用现在完成体,以突出新闻报道转述话语事件的时效性语用之力,如例(24)。

(24) Woods, currently out of the sport through injury, made the announcement on his official website. ⋯ The 35-year-old further **announced** that he **has not yet decided** on a replacement as he continues his recovery from the injuries to his left leg and **has not made a decision** on when to return to the PGA Tour.

(*The Daily Express*, July 21, 2011)

(伍兹近来由于受伤离开体育活动,其官方网站上登出通告。⋯⋯35 岁的他进一步**宣布**其**尚未确定**替换,因为他的左腿

— 80 —

伤势在不断恢复好转，**也尚未决定**何时复出重返 PGA 巡回赛。）

（《每日快报》2011 年 7 月 21 日）

在例（24）的间接转述话语中，主句"The 35-year-old further announced"的转述动词"announced"使用过去时，表明在过去时间"宣告"的这一施为言语行为。如果嵌入小句使用"逆移"规则所要求的过去完成体或过去时，那其转述话语势必成为一个表达与现在脱离关联的过去行为事件，因而失去信息价值的时效性。所以，记者打破时体使用的"逆移"规则，在嵌入小句中选择使用现在完成体"he has not yet decided"和"has not made a decision"，用以转述有关高尔夫运动员伍兹因过去的伤势停止体育运动后是否决定复出以及何时重返 PGA 巡回赛的新近消息事件，从而增强新闻报道的事实时效。

（三）新闻的客观性与现在将来时

"告知读者信息"（to inform the reader）（Conboy 2010：24）是新闻报道的主要功能，而信息告知的客观性又是新闻报道始终追求的目标。在新闻转述话语的"PT + PFT"时体使用中，现在将来时变异使用的一个根本动因在于告知读者新闻报道的客观事实信息而非虚拟现实信息，如例（25）。

(25) Poland, which holds the rotating presidency of the European Union, **said** on Friday that sports ministers from 27 nations who are due to meet in October **will debate** the issue of "good governance," a theme provoked by ongoing corruption allegations involving FIFA.

(*The New York Times*, July 29, 2011)

（现为欧盟轮值主席的波兰周五**说**，来自二十七国的体育局部长定于十月会晤，**将讨论**有关国际足联腐败判决所引起的

"良好管理"问题。)

(《纽约时报》2011 年 7 月 29 日)

从例（25）中 "sports ministers from 27 nations who are due to meet in October"（来自二十七国的体育局部长定于十月会晤）的语境信息可知，转述话语中的将来时语法形态 "will debate" 表达转述者"现在时刻"可预见的一个对未来事件的计划安排与打算。如果遵循时态序列的"逆移"规则，转述话语中使用 "would debate"，那么读者对其告知的信息就可能产生两种误读：一是 "would" 作为过去将来时态的语法标记，标识过去发生的未来行为事件，可能与现实的将来事态无关；二是 "would" 指示虚拟现实的未来行为事件，而非客观现实的事实，因为 "would" 隐含虚拟语气的使用，而且作为认识情态意义，"带有怀疑（doubt）的意味"（de Haan 2012：126）。

因此，这里有理由认为，在转述动词为过去时的叙事语境下，转述话语使用现在将来时主要是告知一个基于可察见的客观事实预见而非虚拟现实的行为事件，使报道更加贴近现实，以增加转述信息的可信度。

六　时体变异的认知识解机制

（一）前景化侧面突显

根据 Sperber 和 Wilson 的关联理论，语言交际是一个涉及信息意图和交际意图的明示——推理过程。在推理过程中，话语的理解是根据话语所提供的信息或假设去寻找话语的最佳关联性的推理过程，而推理过程也就是根据发话者所提供的新信息或假设，再从认知语境中选择最佳关联假设，从而推导话语所传递的交际意图，其中的最佳关联假设是：（1）明示刺激具有足够的关联性，值得受话者付出努力进行加工处理；（2）明示刺激是发话者可能用于交际的最具关联性的事物（Sperber & Wilson 2001：54）。

在新闻报道叙事中，时体变异的使用就是一个明示刺激的前景化（foregrounding）方式，它通过对常规时体使用"逆移"规则的违反，突出报道者传递的隐含交际语用意图。

Hopper 和 Thompson（1980：280）认为，"语言使用者要求不断设置与自己的交际目的以及与听话人需要的感知相一致的话语。在言说情境中，所说话语的一部分比另一部分更加关联。话语中对说话人的交际目的无直接和重要贡献，只起支持、扩充或评述作用的那个部分就被称为'背景'。相比之下，提供话语要旨的那个部分则被称为'前景'"。

前景化和背景化是实现语篇衔接与连贯的信息结构组织手段，其中的"前景化"可视为交际意图认知识解的一个"侧面"（profile）方式。在语篇的时态序列变异中，主句动词的"过去时"起着背景化的作用，提供已知的背景信息，而从句动词的"绝对时体"则起着明示刺激的前景化作用，凸显新的意图信息，如例（26）。

（26）In a report, it warned China **will look** elsewhere if the UK **does not react** quickly and a "golden opportunity to deliver a step change to our volume of trade" **will be lost**.

China **has drawn up** a five-year plan targeting key areas for development in its economy, including professional services, finance, information technology and design-all areas that Britain could be capitalising on, the report **said**.

（*The Daily Express*, July 26, 2011）

（报告中**告诫**说，如果英国**不迅速作出反应**，中国**就看好**别国，"我们的贸易额提升一个台阶的黄金时机"**将会失去**。

报告**称**，中国**起草了**一个针对经济发展重点领域的五年计划，其领域包括行业服务、金融、信息技术与设计，所以这些领域英国可能投资。）

（《每日快报》2011 年 7 月 26 日）

例（26）的主句"it（the Business Innovation and Skills Commit-tee）warned"和"the report said"分别成为提供已知信息的背景化框架，交代转述话语"商业改革技术委员会"和"报告"的信息来源，而从句的转述话语命题"如果英国不迅速作出反应，中国就看好别国，由此将失去促进贸易额增长的发展良机"和"中国起草了一个针对经济发展重点领域的五年计划……"则成为凸显新信息的前景化侧面，其命题借"一般现在时""现在将来时"和"现在完成体"的时体标记凸显关系而引起读者的关注，从而实现激活被前景化的重要信息价值和交际意图的推导。

（二）拉近现实距离

由于时体变异中转述视角的转移，从转述行为的"过去"转移到事件行为的"现在"，而且使新闻故事的"现在"与现实世界的"现在"相重叠，因而在主句为过去时的转述话语中，选择使用与现在关联的绝对时体就拉近了现实距离，产生转述者与读者直接交流对话的人际功能语用意图，如例（27）：

（27）But the Government **must also tackle** technical problems that are hampering trade, particularly the issue of visas, the commit-tee **urged**.

（*The Daily Express*, July 26, 2011）

（但政府**也得处理**阻碍贸易的技术问题，特别是签证问题，委员会**敦促**说。）

（《每日快报》2011 年 7 月 26 日）

例（27）的"must tackle"是以"现在的说话时刻"为时间参照点的一般现在时，与转换使用"had to"的过去时相比，更加接近现实的直接感知，强调当前"政府面临问题应尽的责任与义务"，向读者再现原话语表达"一种强烈要求"的言语行为。这就表现了转述者的一种隐性的对话介入。"对话"是转述话语的一个重要功能特征。巴赫金在研究言语体裁问题时发现，转述话语存在一系列"半隐蔽的和隐蔽的他人话语，虽然它们所具有的他性程度各不相同。转述话语仿佛充溢着言语主体交替的遥远而微弱的回声，充溢着对话的泛音，遍布着极度模糊的完全渗入作者情态的表述边界"（Ba-khtin 1986：93）。

因此，例（27）中现在时态的"must"（应该）的认识情态表面上归于"委员会敦促"的声音，实质上因转述者对现实时间的拉近而渗入了向读者强调其认知情态的"对话声音"，体现了时态调节人际距离、产生与读者直接对话现场感的人际意义。

（三）视角焦点转移

在语言运用中，时体并不是完全对于时间关系的客观描述，而可能表现说话者对于事件情况的主观感受和认识。说话者对动词时态形式的选择反映了说话者对于所描述的事件情况的解释、判断和看法。人们运用时体时总是将其放在特定的认知语境中，比如表示即刻的感觉，或表示特定的过去或将来事件向现在的延伸。

叙事视角的时间焦点可决定时体的选择使用，这里的时间焦点指"在特定小句中投向注意的时间，这一时间决定着某一时体的使用选择"（Declerck 2006：573）。"PT＋SPT""PT＋PP"和"PT＋SFT"这三种时体变异的选择使用表明，叙事视角从过去时间域焦点转向现在时间域焦点。也就是，从认知识解的视点来看，视角焦点如同从过去时点所占据的后台推到现在时点所占据的前台，让叙事视角聚焦在直接辖域。这就使新闻报道转述话语的"现在"时间域焦点与现实世界的"现在"时间域焦点相重叠，并通过叙事视角的直接辖域时态意义的图式激活，实现时态时间意义的可及性解读，从而使时体变异的使用和意义认知识解成为可能。

第三章

英汉新闻转述话语的引语比较

转述引语是直接引述或转述别人的讲话内容。引语是新闻的一个重要组成部分,《美联社新闻写作指南》指出,"即便是初出茅庐的记者也会很快地认识到,引语是不可缺少的。它使新闻具有真实感。引语能在文字力所能及的范围内使读者同人物发生直接联系。没有引语的新闻,不论篇幅长短,都像月球的表面一样贫瘠荒芜"(卡彭 1988:140)。新闻传播经典教材《当代媒体新闻写作与报道》也指出,"引语不仅仅是用引号引起来的一串话,它可以引发感情,表达生动的描写,提供逸闻趣事、解释性的或独家的材料。引语可以是新闻报道或特写的灵魂,使枯燥无味的新闻报道变得充满活力,使好的报道变得更加精彩。甚至一句普通的话语,把它置于一个新闻报道中,也可能使人激动不已"(Itule & Anderson 2003:98)。

第一节 转述引语的分析范畴体系

对于转述引语的研究,国内外学者从不同的研究学科作过不尽相同的考察和解释,对引语的分析范畴也有不同的体系。

一 文学话语分析的转述引语分类范畴

关于转述引语的分类,不同的研究领域具有不同的分类范畴体系。在文学话语分析领域中，英国学者佩奇的分类范畴体系具有典型的代表性。佩奇（Page 1973：35—38）针对小说人物话语的转述方式，提出了以下八种方式的分类：

（一）直接引语

（1）"There are some happy creeturs," Mrs Gamp observed, "as time runs back'ards with, and you are one, Mrs Mould…"

（"有那么些幸运的人儿，"甘朴太太说，"连时光都跟着他们倒流，您就是这么个人，莫尔德太太……"）

例（1）中的"creeturs"和"back'ards"均为"creatures"和"backwards"的非标准拼写，是直接引用人物甘朴太太所说的原本话语，保留了其口语的特征。

（二）被遮覆的引语

（2）Mrs Gamp complimented Mrs Mould on her youthful appearance.

（甘朴太太恭维莫尔德太太显得年经。）

例（2）是对人物话语内容的概括性表述，人物的具体言词被叙述者的编辑加工所遮覆（submerged）。

（三）间接引语

（3）Mrs Gamp observed that some fortunate people, of whom Mrs Mould was one, seemed to be unaffected by time.

（甘朴太太说包括莫尔德太太在内的一些幸运的人似乎不受光阴流逝的影响。）

例（3）是转述动词后带有从句的结构表达，从句根据叙述者所处的时空关系转述人称指示、动词时体以及时间、地点状语的相应变化。

（四）"平行的"间接引语

（4）Mrs Gamp observed that there were some happy creatures that time ran backwards with, and that Mrs Mould was one of them.

（甘朴太太说有那么些幸运的人儿连时光都跟着他们倒流，莫尔德太太就是其中的一位。）

例（4）中的"that time ran backwards with"和"that Mrs Mould was one of them"是两个平行（parallel）结构的从句，均为转述动词"observed"的宾语，整体构成间接引语。

（五）"带色彩的"间接引语

（5）Mrs Gamp observed that there were some happy creeturs as time ran back'ards with, and that Mrs Mould was one of them.

（甘朴太太说有那么些幸运的人儿连时光都跟着他们倒流，莫尔德太太就是其中的一位。）

所谓"带色彩"（coloured），指保留人物话语的言语色彩，如独特的发音、俚语、带情绪色彩的用词等。

（六）自由间接引语

（6）Ø There were some happy creatures that time ran backwards with, and that Mrs Mould was one of them.

（有那么些幸运的人儿连时光都跟着他们倒流，莫尔德太太就是其中的一位。）

例（6）没有引述语，转述语本身为独立的句子，在人称和时态上与间接引语一致。

（七）自由直接引语

（7）Ø There are some happy creeturs as time runs back'ards with, and you are one, Mrs Mould…．

（有那么些幸运的人儿连时光都跟着他们倒流，您就是这么个人，莫尔德太太……）

例（7）没有引号，也没有引述语，原原本本记录着人物的话语。

（八）从间接引语"滑入"直接引语

（8）Mrs Gamp observed that there were some happy creatures that time ran backwards with, "and you are one, Mrs Mould".

（甘朴太太说有那么些幸运的人儿连时光都跟着他们倒流，"您就是这么个人，莫尔德太太"。）

例（8）从开始的间接引语"Mrs Gamp observed that there were some happy creatures that time ran backwards with"突然"滑入"（slipping into）直接引语"and you are one, Mrs Mould"。

二　语料库语言学分析的转述引语分类范畴

就语料库语言学的研究领域，英国的语言学家利奇（Leech）和肖特（Short）（Semino & Short 2004：10）针对小说、新闻和自传体等多种体裁的话语比较研究，提出了以下六种分类范畴体系：

（一）叙述

（9）He looked straight at her.

（他眼睛直盯着她看。）

这里所谓的"叙述"（narration）不涉及人物言语的呈现。

（二）言语行为叙述性报道

（10）He looked straight at her and told her about his imminent return. She was pleased.

（他眼睛直盯着她看，并告诉她他立刻回来。她很高兴。）

例（10）中的"told her about his imminent return"为言语行为"告诉"的叙述性报道，这种描述言语行为的转述方式被称为"言语行为叙述性报道"（narrative report of speech acts）。

（三）间接引语

（11）He looked straight at her and told her that he would definitely return the following day. She was pleased.

（他眼睛直盯着她看，并告诉她他次日一定会回来。她很高兴。）

例（11）中的"that he would definitely return the following day"为间接引语，动词"would"与过去式"told"保持时体一致，而且"the following day"为时间状语"tomorrow"的间接转述形式。

（四）自由间接引语

（12）Ø He looked straight at her. He would definitely come back tomorrow! She was pleased.

（他眼睛直盯着她看。他明天一定会回来！她很高兴。）

例（12）中的"He would definitely come back tomorrow!"不带

引述语，既有间接引语的将来时体体现特征，又有包含直接引语的情感特征表现，具有介于直接引语和间接引语之间的语言形式特征。

自由间接引语与间接引语要更为接近人物文本。自由间接引语的所谓"自由"指的是更多地摆脱了叙述者的干预，因而可以更多地保留人物文本的特征。

（五）直接引语

（13）He looked straight at her and said "I'll definitely come back tomorrow!" She was pleased.

（他眼睛直盯着她看，并说道"我明天一定会回来!"她很高兴。）

例（13）中的"I'll definitely come back tomorrow!"为转述动词"said"的直接引语。

（六）自由直接引语

（14）He looked straight at her. Ø "I'll definitely come back tomorrow!" She was pleased.

（他眼睛直盯着她看。"我明天一定会回来!"她很高兴。）

例（14）中的"I'll definitely come back tomorrow!"没有引述语，但带有引号和情感色彩标记，被称为"自由直接引语"。

三　本研究框架的转述引语分类范畴体系

鉴于新闻转述话语与小说转述话语的语言特征有所区别，尽管佩奇的分类范畴体系比较细腻和系统，但过于细化，而且有些交叉重叠，而利奇与肖特的分类范畴体系则兼顾了小说、新闻、自传等多种体裁的分析框架，有些分类范畴不能完全适用于新闻人物言语转述报道特征的分析研究。因此，我们在其分类范畴体系的基础上对转述话语的转述方式进行了修正，界定了下列适合新闻转述引语比较分析的分类范畴体系。

（一）施为叙述

在新闻转述引语的表述中，我们把缺失言语转述动词，依靠施事行为叙述的直接和间接转述的引语方式归为"施为叙述"转述，见例（15）—（18）。这里所谓的"施为叙述"转述相当于利奇和肖特所称的"言语行为叙述转述"，但与其略有不同的是：前者不仅限于言语行为而且还包括信息命题内容断言言语行为的叙述转述，而后者仅限于言语行为的叙述转述。

（15）**上午她在微博上为好友周洋撑腰**："能不能不逼周洋了……她是个病人，能不逼她吗？让她回去认错，她错哪了?"

（《都市快报》2011 年 8 月 6 日）

（16）**最重要的是**，中国对于出口行业的管理，以及对于稀土原材料的管理兼顾了国内的制造生产和出口两个方面，兼顾了生态保护和可持续发展两个方面，我们会妥善做好本案的后续工作，将按照世贸组织的争端解决机制，妥善做好相关法律诉讼工作。

（《人民日报》2011 年 7 月 18 日）

（17）The House Democratic leader, Representative Nancy Pelosi, who met privately with Mr. Obama on Friday morning, told reporters later in the day that **her position was firm**："No benefit cuts in Medicare or Social Security."

(*The New York Times*, July 8, 2011)

（众议院民主党领袖南希·佩洛西众议员星期五上午秘密会见了奥巴马先生，在当天晚些时候告诉记者她的立场是坚定的："医疗保健和社会保险的福利不会削减。"）

（《纽约时报》2011 年 7 月 8 日）

（18）But with **the news last week that** Ms. Warren would be returning to Massachusetts, where she teaches law at Harvard, a sound-bite war about her potential candidacy started in earnest.

（*The New York Times*, July 24, 2011）

（但**上周的消息报道**，华伦女士将回马萨诸塞州，回到其在哈佛大学教法律的地方，关于她可能成为候选人的电视选举宣传原声片已开始热播。）

（《纽约时报》2011 年 7 月 24 日）

例（15）的引述结构并未使用言语转述动词"说"，尽管从语义上完全可以加上这一转述动词"说"，但记者的转述主要在于突出"上午她在微博上为好友周洋撑腰"的施事行为描述，而非言说方式，所以通过施为叙述以及冒号的提起语用功能，告知读者其后转述引语内容的转述关系。

施为叙述转述的另一种表现方式，是通过施事行为信息命题内容的断言言语行为叙述，如例（16）、（17）和（18），表达"最重要的是""her position was firm（她的立场是坚定的）"、和"the news last week（上周的消息）"的信息提示，分别与其后"中国对于出口行业的管理，以及对于稀土原材料的管理兼顾了国内的制造生产和出口两个方面……""No benefit cuts in Medicare or Social Security.（医疗保健和社会保险的福利不会削减。）"和"Ms. Warren would be returning to Massachusetts, where she teaches law at Harvard（华伦女士将回马萨诸塞州，回到其在哈佛大学教法律的地方）"的信息命题内容形成断言式逻辑语义指涉的引语转述关系。

（二）直接引语

（19）A spokesman said："**People have come to the embassy**

to express their sympathies. I read some of the notes they left
and some were in Norwegian but most were in English. "

(*The Daily Express*, July 25, 2011)

（一位发言人说："人们已经来到大使馆表达同情。我读了
他们留下的笔记，一些是挪威语写的，但多数是英语写的。"）

（《每日快报》2011 年 7 月 25 日）

（20）**"过去我们的优势在于环境和服务，接待的主要是会
议用餐、商务宴请。"** 华美达总经理蔡娅群说，普通的朋友、家
庭聚餐的消费者往往觉得星级酒店的中餐厅门槛太高，不实惠。

（《都市快报》2011 年 8 月 12 日）

例（19）和（20）是记者在报道时直接转述新闻人物的直接引
语。《当代媒体新闻写作与报道》指出（Itule & Anderson 2003：
100），"将直接引语点缀在新闻报道中，让消息来源与读者交谈，是
一个很好的主意，但是一定要确保直接引语准确无误"。

新闻报道直接引语转述具有复制性的特点，是新闻人物原话的
再现，用引号引起来，表明引号里的言辞完全或基本上是说话者的
原话，要求内容完整和准确，时态、语态和人称等不发生任何改变，
记者的干预少，保真性强。

（三）间接引语

（21）The Obama administration said in February **that it would
no longer defend the Defense of Marriage Act in legal proceed-
ings**, and Attorney General Eric H. Holder Jr. said for the first time
that Mr. Obama believed the act was unconstitutional.

(*The New York Times*, July 19, 2011)

（奥马巴政府二月说，**政府不再在法律诉讼中为婚姻保护法
案辩护**，而司法部长小埃里克·H. 霍尔德首次说**奥巴马先生认**

为该法案是不合宪法的。)

（《纽约时报》2011 年 7 月 19 日）

（22）习近平说，**中欧建交 30 多年来，双方政治互信不断加深，经济利益相互交融，各级别对话富有成效，在国际和地区问题上密切协调，彼此已成为不可或缺的重要伙伴**。

（《人民日报》2011 年 7 月 20 日）

例（21）和（22）是记者间接转述说话人言语的引语转述方式。新闻间接引语转述是讲述新闻人物所说的主要意思，可以是对新闻人物原话的完整复述，也可以是记者用自己的话对新闻人物的原话进行释义概括转述，话语不加引号，但内容必须忠实话语的原意，通常原话的时态、语态和人称等作相应的变化和调整。

（四）自由直接引语

（23）中国大学生男排的薛兆年从兜里也掏出一把，一个一个别在自己的胸卡挂绳上，然后出发去和别人交换，Ø **"第一次来大运会，感觉外国选手挺会'玩'的，我们也被带起来了。"**

（《人民日报》2011 年 8 月 13 日）

（24）Lewers, 27, secured 89 caps for Ireland before 2008. "My life had reached a crossroad. I had to decide between embarking on a career or concentrating on hockey," he said.

Ø "There was no love lost between me and the Irish Hockey Association so, at the start of the next Olympic cycle, I opted to go with England."

（*The Daily Express*, July 26, 2011）

27 岁的刘易斯 2008 年前为爱尔兰卫冕第 89 届冠军。他说，"我的生活走到一个十字路口。我得在开创职业生涯和专心打曲棍球之间作出选择。"

　　Ø "我与爱尔兰曲棍球协会之间没有失去爱，所以在下一个奥运周期开始时，我选择加入英格兰队。"）

（《每日快报》2011 年 7 月 26 日）

　　（25）Ø 当我们为"嫦娥"遨游太空而自豪，为"蛟龙"潜入深海而骄傲，我们能否在保证公共安全方面，也走得更快？

（《人民日报》2011 年 7 月 25 日）

　　在新闻转述引语中，自由直接引语的表现方式是省略引述结构部分，保留带引号的直接引语，如例（23）和（24）；或既省略引述结构部分，又省略直接引语的引号，如例（25），但它们所表述的视点都是第一人称，如上述例句的"我们"和"I（我）"所示。

（五）自由间接引语（Free Indirect Speech）

　　（25）Ø 日本女足为何能够创造奇迹？道理很简单：奇迹总是眷顾那些踏踏实实、努力工作的人，而不是那些心术不正、投机倒把之徒。

（《人民日报》2011 年 7 月 11 日）

　　自由间接引语的表现形式是省略引述结构和引号，它与自由直接引语的根本区别是转述视点不同。如上所述，自由直接引语的视点是第一人称说话者，而自由间接引语的视点则是第三人称转述者，如例（25）的引语"日本女足为何能够创造奇迹？"，是从第三人称转述者视点的记者角度转述他自我问话的声音。

（六）混合引语（Mixed Speech）

　　（26）He acknowledged that **"yes, our climate has changed,"** but he accused scientists of manipulating the data and was skeptical that human behavior was the cause.

(*The New York Times*, August 17, 2011)

（他承认，**"是的，我们的气候已经发生改变，"** 但是他指控科学家操纵数据，并怀疑人类行为是改变的原因。）

（《纽约时报》2011 年 8 月 17 日）

（27）曾德成表示，运动员常常是大众的英雄，夺标一刹那的确**"万千宠爱在一身"**。

（《人民日报》2011 年 7 月 20 日）

例（26）和（27）的转述方式都带有两个主体：叙述者主体和人物主体，分别由叙述者主体的间接转述滑入人物主体声音"yes, our climate has changed"（是的，我们的气候已经发生改变）和"万千宠爱在一身"的直接转述。这一转述方式相当于佩奇的"从间接引语'滑入'直接引语"分类范畴，临界于"直接引语"和"间接引语"之间的表达形式，其声音归属既有直接引语又有间接引语的复杂性指向。

一般认为，直接引语在转述语篇中逐字地展示原初说话者的言辞，而间接引语则通过释义描述或概述原初话语的意义或要旨（Waugh 1995：137）。所以这里的混合引语既展示了被转述的言说者的话语，归属于原初说话者自足的声音，同时又隐含了转述者在当前语境中转述其话语所表达的声音，即可能将对言语的描述转化为对事实的描述，报道者不是在报道新闻人物的言语，而是将言语所描述的事件直接作为事实呈现。这也正如巴赫金所言，"我们把它引进到各种新语境中，把它应用到新的材料上，把它摆到新的环境中，目的在于得到它的新的回答，使它的含义产生新的光辉，获得自己的新的话语（因为积极的他人话语通过对话关系可使我们产生回报式的新话语）"（Bakhtin 1981：346）。

第二节 英汉新闻转述引语的转述方式比较

《新闻采写教程》指出，使用引语要"努力寻求转述和直接引语之间的平衡，不着边际、模棱两可或乏味的引语会使报道陷入困境。对于这样的引语最好转述，同时保留人们表达的最强有力、最重要或最有意思的观点，以进行强调或增加报道的生命力"（吉布斯、瓦霍沃 2004：58）。在新闻报道中，转述方式的选择，即转述谁的、不转述谁的以及如何转述谁的言语和思想观点，在一定程度上取决于语言的语体风格、媒体的传播手段和言说方式自身的功能作用等多种因素的结合。

一 不同转述方式的使用频率及分布特点

为了比较不同报纸和不同语域的新闻引语转述方式的使用频率，我们考察了《纽约时报》和《人民日报》在"政治新闻""商业新闻""体育新闻"和"时评社论"等不同语域中的新闻报道语篇，共计240篇语料，18万多字。时评社论类报道分别取样于《纽约时报》评论员（opinionator）和《人民日报》人民时评栏目的文章。

在考察分析中，我们把语料中出现的相同内容的"混合引语"视为一项，不重复标记和累计统计，以保证使用类型比较数据的有效性。另外，由于《每日快报》和《都市快报》均没有时评社论类的相应栏目，所以关于新闻引语转述方式的研究，我们以《纽约时报》和《人民日报》的"政治新闻""商业新闻""体育新闻"和"时评社论"等四个语域的语料为研究对象，并进行系统分析和全面考察。英汉新闻报道不同转述方式的使用频率分布情况详见表3.1。

表 3.1　　　　　　　英汉新闻引语转述方式的比较

项目 \ 统计		施为叙述	直接引语	间接引语	自由直接引语	自由间接引语	混合引语	合计
纽约时报	政治新闻	18	126	245	0	3	80	472
	商业新闻	9	74	207	0	2	33	325
	体育新闻	17	118	132	2	8	21	298
	时评社论	68	118	235	36	27	177	661
	小计	112	436	819	38	40	311	1756
人民日报	政治新闻	3	21	92	4	2	60	182
	商业新闻	8	3	104	1	0	25	141
	体育新闻	8	13	56	6	1	44	128
	时评社论	33	17	73	5	53	325	506
	小计	52	54	325	16	56	454	957
合计		164	490	1144	54	96	765	2713

二　英汉新闻不同语言和不同语域转述方式的差异比较

从表3.1可以看出，英文报纸和中文报纸的新闻引语转述方式存在以下几个方面的主要差异：

1. 英文报纸和中文报纸使用直接引语和间接引语的差异较大，英文报纸使用直接引语的比例（34.74%），比中文报纸使用直接引语的比例（14.25%）高出20多个百分点，而英文报纸使用间接引语的比例（65.26%），则比中文报纸使用间接引语的比例（85.75%）低20多个百分点，见图3.1。

这一研究结果也印证了新华社高级记者刘其中曾经抽样调查的研究结论：英语新闻特别重视直接引语的使用，而汉语新闻的直接引语使用却十分鲜见（刘其中 2004：36）。清华大学国际传播研究中心主任李希光（2012：88）也指出，"我国目前新闻写作的一个弊病就是直接引语太少""直接引语太少，就意味着记者个人诠释太多、观点太多，这有悖于客观报道原则"。

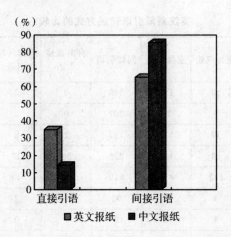

（%）

图 3.1 英汉新闻直接引语和间接引语的使用频率比较

2. 英文报纸和中文报纸使用混合引语的频率都较多，且差异不大，分别占 40.65% 和 59.35%。但从不同语域的使用频率来说，时评社论语域使用混合引语的频率和政治新闻、商业新闻和体育新闻等语域使用的频率相比存在显著差异，见图 3.2。

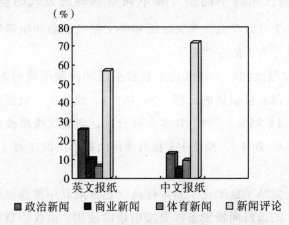

（%）

图 3.2 英汉不同语域使用混合引语的频率比较

混合引语在不同语域使用中产生这一差异的原因可能是时评社论涉及言论和特殊概念的强调特别多，要表达的引语信息量较大，不可能都使用完整的引语形式，在有限的篇幅内只有较多地采用部分引语的转述方式。

3. 就自由直接引语和自由间接引语而言，英文报纸使用的差异不大，分别为 48.72% 和 51.28%，但中文报纸的使用差异却非常大，各占 22.22% 和 77.78%，尤其是在时评社论的语域中差异更加显著，参见表 3.1。此外，英文报纸和中文报纸在政治新闻、商业新闻和体育新闻语域中，几乎都不使用自由直接引语和自由间接引语。

4. 施为叙述转述在英文报纸和中文报纸中都有一定数量的使用，但使用差异不大，而且比较均衡，只是在时评社论中的使用频率大一些，分别为 60.71% 和 63.46%，而在政治新闻、商业新闻和体育新闻等语域中合计 39.29% 和 36.54%。

总而言之，对于新闻转述引语的使用，不同语言和不同语域存在一定的使用差异。不过，普利策奖获得者迈克尔·加特纳（Michael Gartner）记者指出，"优秀的撰稿人知道怎样使用引语。他知道将引语当成标点符号、过渡语、强调语来使用。他知道绝对不能过多地、大段地或杂乱地使用引语。引语……就是报纸的现场新闻报道——通过给文章增加一些事实或给读者带来一些乐趣，使文章流畅，将读者从这儿引到那儿。优秀的记者常常使用引语，但常常用得简约。不过记者需要一双'慧耳'才能获得好的引语"（Itule & Anderson 2003：101）。

第三节　英汉新闻转述引语的语用功能比较

转述引语使用的关键归于劝服的社会语境，因为它不仅提供一个论断的论据，而且还展示其立场的见解。新闻转述引语的再现实质上是一个社会互动过程，具有赋予与编辑和读者磋商后对某一论断接受的权威，同时也具有赋予目标受众对其论断认可或拒绝的选择权利。下面我们分别讨论新闻报道实践中一些转述引语的特定功能及其语用特点。

一 直接引语与间接引语

直接引语和间接引语最根本的区别是，直接引语是从讲话人的视角对讲话人的原话转述，而间接引语则是从报道者的角度对讲话人话语内容的大意转述。所谓直接引语忠实于原原本本记录讲话人言辞的逐词引用假设（verbatim assumption），人们普遍认为，直接引语在形式和内容上忠实于被转述的原话（Coulmas 1985：41）。事实上，在新闻报道中，这一假设受到质疑，记者运用的直接引语实际上是根据其所采访的新闻人物的原话删减编辑而成的，因为《美联社文体手册》规定，"直接引语一般应该被改正，以避免语法错误，以及口语中经常没有意识到而印刷出来却令人尴尬的用词错误"（Itule & Anderson 2003：100）。

关于引语的展示论（demonstration），Clark & Gerring 指出（1990：764），"引语是一种展示，就像你展示网球的发球、朋友的跛行，或者钟摆的摆动"。引语所展示的是一种言语行为——语言、语气、语调和情感等言说方式，直接引语是一种描绘（depicting）展示，而间接引语是一种描述（decribing）展示。描绘通常与被描绘的所指物具有一定的相似性，但描述则没有，它侧重思想内容的表达。由于直接引语具有描绘的展示语用特征，而且展示还有选择性的原则特点，选择突显某个或某些方面，所以它在新闻报道中具有间接引语不可替代的下列功能妙用：

（一）增加现场感

李希光（2012：88）强调，"记者引用信源，相当于为讲话人提供了一个与公众沟通的平台。直接引语有让信源'面对面'与公众说话的功能，因而可以让信源放大其声音、想法和观点"。因此，直接引语的使用可以使新闻报道具有现场感，因为记者通过使用直接引语可以让读者有亲临采访现场的感觉，好像让读者和采访对象直接接触，直接听到新闻人物的讲话，从而拉近读者与报道主题的距离，增添报道的亲切感和生动性，如例（28）：

（28）Led by King Harald and Queen Sonja, mourners gathered at Oslo Cathedral. The plaza was strewn with flowers and candles, and mourners who could not find a place inside huddled under umbrellas in the rain.

Prime Minister Jens Stoltenberg, who joined the mourners along with Norway's Crown Princess Mette Marit, sobbed as he said: **"What happened at Utoya is a national tragedy. A youth paradise has been transformed into a hell. Not since the Second World War has our country seen a greater crime."**

(*The Daily Express*, July 25, 2011)

（由哈拉尔国王和王后索亚妮领头，哀悼者聚集在奥斯陆大教堂。广场摆满鲜花和蜡烛，在教堂里没能找到位置的哀悼者挤在雨天的雨伞下。

首相延斯·斯托尔滕贝格和挪威王妃梅特·玛莉特一起加入到哀悼者人群，他边说边哭泣：**"在于特岛发生的事件是一起全国的悲剧。一个青年人的天堂已变成了一个地狱。自二战以来，我们国家都未见过更为严重的暴力袭击事件。"**）

（《每日快报》2011 年 7 月 25 日）

例（28）在新闻报道的开头导语部分就妙用了挪威首相的直接引语，记者用不着自己多说，直接将话语权交给新闻重要人物讲话，让新闻当事人直接说出新闻事实，使读者亲自聆听和感受现场格外悲痛哀悼的痛恨之言和感人场面。

（二）疏离责任

在新闻报道中，记者通常借用新闻人物之口，通过直接引语说出自己不便直率传达的信息，如例（29）。

（29）据记者观察，在不到 20 分钟的时间里，有 30 位左右顾客前来领取香蕉，不少普通顾客也来打听这些香蕉的价格。"今天是取货的最后一天，人已经少了许多，22 号取货的第一天，4 台扫码器都忙不过来，有的以公司名义十多箱地拿货，说是拿回去既是员工的福利，也是做了公益。"工作人员小华说。

家住石景山的焦大爷说："儿子在淘宝上买了两把香蕉，让我过来取。这两把香蕉总共也才 15 块钱，而这一路开车过来的花销却比香蕉价钱还多，不过做了善事，心里还是挺高兴的。"

（《人民日报》2011 年 7 月 26 日）

在例（29）中，关于淘宝网购买香蕉的便利，记者可能并非都持完全赞同的观点，但自己却不便直言说出，因而借助顾客焦大爷的直接引语来隐含地传达。假如香蕉网购的生意受影响而遭到任何指责的话，那从信源归属来说，记者可以摆脱责任："话不是我说的，而是别人说的。"

（三）调节报道节奏

（30）Mr Bhuiyan, in an unusual step, had asked the courts to halt Stroman's execution and said he wanted to spend time with the inmate to learn more about why the shootings occurred. The native of Bangladesh and a former convenience store worker lost sight in one of his eyes when Stroman shot him in the face.

"Killing him is not the solution," Mr Bhuiyan said. "He's learning from his mistake. If he's given a chance, he's able to reach out to others and spread that message to others. "

A federal district judge in Austin rejected the lawsuit and Mr Bhuiyan's request for an injunction on Wednesday afternoon. His lawyers appealed to the Supreme Court, where Justice Antonin Scalia turned it down.

(The Daily Express, July 21, 2011)

（白虎伊彦先生以异常的步伐上前要求法院停止处决斯特罗曼，并说他想与犯人共度一段时间以了解更多有关枪击发生的原因。孟加拉本地人，一位从前的便利店工人在斯特罗曼对着他的脸射击时一只眼睛失明了。

"杀他不是答案，"白虎伊彦先生说。"他正在从他的错误中吸取教训。如果给他机会，他会接近其他人并把枪击原因的信息告诉他们。"

在奥斯丁的一位联邦地区法官拒绝这起诉讼和白虎伊彦先生周三下午提出的要求。他的律师向最高法庭提起上诉，最高法庭大法官安托尼·斯卡利亚给以拒绝。）

（《每日快报》2011年7月21日）

例（30）的新闻报道主要是采用信息高度浓缩概括的叙述性报道，中间一段是新闻人物的直接引语，记者通过直接引语将报道放慢一下节奏，让读者从高度浓缩信息的快速节奏中舒缓喘口气，使报道更具可读性，减少读者阅读的认知疲劳。

（四）增强报道可信度

新闻报道的直接引语不是记者凭空杜撰而来的，而是记者深入采访新闻人物，亲自聆听和记录下的鲜活言语谈话。没有现场的采访就无法得到新闻人物讲话的第一手真实材料，没有第一手采访的讲话就无法引用直接引语。所以当读者读到新闻事件当事人的直接讲话时，自然感到新闻故事的真实性，如例（31）。

（31）昨天中国队和黑山队的热身赛前后，竟然没有一名记者询问关于姚明退役的问题，在圈内姚明彻底退役不是新闻，而在国家队内部，姚明彻底退役也是公开的秘密。**在谈到何时**

— 105 —

得知姚明退役的消息时，大郅很爽快地说了实话："咳，很早的事情了，只不过不说就是了。"

为姚明的伤脚先后做过 5 次手术的前火箭队队医克兰顿站在决定退役的姚明一边："我认为这是一个非常合理的决定，特别是对他这种经历了多次重大伤病的人。"克兰顿介绍说，姚明经历了多次伤病，很容易患上关节炎，现在的目标就是能够像正常人一样生活，"如果他决定不在 NBA 中打球，至少还可以同女儿和妻子一起打球"。

（《都市快报》2011 年 7 月 11 日）

例（31）是关于姚明退役的重要消息报道，如果报道缺乏球友和队医手术医生亲口所说之言的有力言证，那恐怕不管记者怎么间接陈述声明都难以让读者相信"姚明真的要退役了"。这里记者正是发挥直接引语的妙用，使读者感到那些直接引语确实是他们的原话、真话，完全毋庸置疑。可见，直接引语是新闻报道释放关键信息的直接形式，成为帮助记者增加报道真实性和可信度的有效手段。

但是间接引语的使用也有其独特的优势，它在表达命题内容的转述时措辞更有灵活性，因而可以减少误引的责任。

二 自由直接引语与自由间接引语

与直接引语相比，自由直接引语的语法特征是省略了引号或省略了引述部分的表达。在叙述上，以第一人称讲述，抹去叙述者的声音，由人物自身说话，在时间、地点、语气、意识等方面与人物一致。在新闻报道中，自由直接引语由于信源归属引述表达的省略，减少了记者报道的干预，有利于展示新闻人物的个性化特点或思想活动，如例（32）。

(32) In a message on www. wtatennis. com, she wrote: "It's my birthday today and I want to thank all of you for the wonderful messages. I haven't written anything for a long time about why I haven't been on tour, so that's why I'm writing this today. It's not an easy time for me right now. I've been a bit unlucky with my health. I have Hodgkin's lymphoma, a form of cancer. "

Kleybanova added: "I've been having treatment in Italy and it has been going well, but it takes lots of patience and I've had to be really strong to go through this.

Ø **"The good news is after I do treatment for a few more months, if I feel well, there's a chance I'll be able to play tennis again. I really miss playing-I miss seeing fans and friends around the world, I miss hitting the ball, I miss everything. Tennis has been my life for the last 15 years.**

Ø **"I am a strong person. I've shown it before. Obviously this is different than anything I've ever experienced, but after this is over my life will be even better than before.**

Ø **"This is the toughest time in my life, and I hope it always stays the toughest time in my life. I'm sure I'll be able to overcome this-it's just a matter of patience and time. "**

(*The Daily Express*, July 15, 2011)

(在网站 www. wtatennis. com 的信息上,她写道:"今天是我的生日,我要感谢你们所有人的来信。关于我为什么已不参加巡回赛的事,我很久没有写信说什么了,所以这就是今天我写封信的原因。现在对我来说是个不容易的时光。我的健康有点问题,患上霍奇金淋巴瘤,一种癌症。"

克雷巴诺娃补充道:"我一直在意大利治疗,而且进展很好。但这需要有耐心,我得非常坚强地度过。

　　Ø "好消息是，再治疗几个月以后，如果我感觉不错的话，将有再打网球的可能。我真的很想打球——我想看看全世界的粉丝和朋友，我想打球，我想一切。网球已是我过去 15 年的生活。

　　Ø "我是个坚强的人，过去我已这样表现。显然，这有异于我曾经所经历的一切，但是这一事情过后，我的生活甚至会比以前更好。

　　Ø "这是我生活中最艰难的时候，但我希望它只是仅此而已。我敢肯定，我将能克服它——那只是耐心和时间的问题。")

（《每日快报》2011 年 7 月 15 日）

　　Obiedat（2006：299）指出，"省略引述表达之后，转述材料在一定程度上从叙事控制中解放出来，成为新闻人物与读者的某种直接互动，以致新闻人物在不含作者干预的对话中为自己说话"。例（32）是有关俄罗斯网球运动员克雷巴诺娃正在与癌症病魔坚强斗争的报道，记者在报道的最后三段使用了省略转述话语引述表达的自由直接引语，假如记者在最后三段都分别加上引述部分的重复赘述，那么完全可以想象，那不仅使报道风格变得呆板乏味，而且将干预读者的阅读认知，有损流畅展示克雷巴诺娃个性特征和心理期待的报道效果。

　　而自由间接引语是一种以第三人称人物的视角叙述人物的语言、感受、思想的话语模式。自由间接引语除了保留了人物话语的口语化特色以外，英语新闻报道中还可以根据人称代词、时态标记和时间状语等变化加以区分，但在汉语新闻报道中，由于没有时态标记等句法形态特征，有时与叙述者自我讲述的边界变得模糊。董秀芳（2008：375）指出，"自由间接引语是间接引语的变体形式，直接嵌入到普通的叙述话语中，叙述者的声音和文本人物的声音之间的分界并不明朗，二者融合得比较深，文本人物的声音只是偶有体现"。或许正是由于自由间接引语这一独有的特征，才使记者可以不经意地夹杂自己的所思和感受，增加报道的对话性和吸引力，如例（33）。

（33）针对近期出现的多起重大安全事故，国务院安委会发出通知，要求有效防范和坚决遏制重特大事故发生，确保人民群众生命财产安全。这提醒各级管理者，在"风险社会"到来之际，以人为本的执政理念要求我们具备前所未有的风险意识。**Ø 当列车在铁轨上飞驰，管理系统是否能跟上节拍？当高楼不断刷新天际线，消防与救生措施是否一起生长？当桥梁道路建设一往无前，施工质量与工程监管水平能否同样提升？**

（《人民日报》2011 年 7 月 25 日）

例（33）中一连串的自由间接引语激发读者强烈的深思，但那究竟属于国务院安委会的声音还是记者自己站出来说话的声音，边界确实模糊不清，依靠读者作出合理的判断。假如属于记者自我言语的叙述行为，那岂不损害报道的客观性？

三　单纯引语与警示引语

从表 3.1 可知，混合引语在英汉新闻报道中都使用得非常普遍，因为新闻报道的目的在于突显原话语中最有意义的部分，使报道者原话语的选择部分前景化，而不必提供冗长的引语。具体而言，这种混合引语包括单纯引语（pure quotes）和警示引语（scare quotes）。

单纯引语（pure quotes）的语义特征是指称一个表达形式及其自身的意义（Cappelen & Lepore 2005：54）。在新闻报道中，单纯引语具有表达"数字、词语、术语、概念、标题"等特定名称的特点，如下列例句：

（34）对**"7·23"**动车事故的亡者家属来说，长歌当哭、远望当归的**"头七"**就要到了，这将是他们一道难以逾越的关口。

（《人民日报》2011年7月29日）

（35）Groups calling themselves **"hacktivists"** —which target Web sites and servers in pursuit of political agendas—have joined the list of cyber threats identified by government and corporate security officials.

(*The Daily Express*, July 22, 2011)

（自称**"黑客"**的团体——攻击目标是寻找政治议程的网站和服务器——已加入由政府和公司安保官员确定的电脑威胁名单。）

（《每日快报》2011年7月22日）

（36）从此，我们无须掠过天空，只要在地上奔跑，仅用四五个小时便能在京沪间穿梭。这美妙的感受迅速催生了一批**"铁丝"**——高铁**"粉丝"**。一时间，**"高铁"**成了热词。

（《人民日报》2011年7月29日）

（37）杭州市节展办说，根据动漫节**"动漫我的城市、动漫我的生活"**理念，综合各方意见，节展办推出了**"城市家具美化工程"**系列活动，让动漫更加贴近老百姓的日常生活。

（《都市快报》2011年8月10日）

例（34）中的单纯引语"7·23"指称"7月23日"的数字符号，而单纯引语"头七"指称人死后第七日的丧殡习俗特定概念名称；例（35）中的单纯引语"hacktivists（黑客）"指称网络攻击的一个术语，例（36）中的单纯引语"铁丝""粉丝""高铁"指称创造使用的新词，而例（37）中的单纯引语"动漫我的城市、动漫我的生活"和"城市家具美化工程"则均指称活动主题的标题名称，我们的语料中还有指称电影、歌曲、小说等作品名称的。这些单纯

引语在报道中的引用机制是"使用"（use）和"提及"（mention）
（Saka 2005：190）。所谓"使用"是指使用词语指称或者谈论语言外
的现实中的人或事物；所谓"提及"是指词语的反身用法，即一个
词语被用来指称它自己（辛斌 2009：5）。请看下面例句中的区别：

（38）Motown is the home of some good music.

（39）"Motown" alludes to Detroit's motor industry.

（40）I grew up near "Motown". （Saka 2005：190）

例（38）中的"Motown"只是"使用"，例（39）中的"Mo-
town"只是"提及"，而例（40）中的"Motown"既是"使用"又
是"提及"。

至于警示引语，它不仅"提及"而且"使用"，但不一定指原
话语（Brendel, Meibauer & Steinbach 2011：5）。在新闻报道中，警
示引语起言语行为提示的功能，帮助传递部分言语行为内容在语境
中的突显，表达类似一种反讽的语气和一种提醒或模拟的暗示，具
有信息功能和评价功能。

（41）Before April was out and military operations had still not
commenced, he was reminding Lincoln that **"we are at war with
these pestilent rebels and traitors,"** and urging **"heavy and in-
stantaneous blows at Maryland and Virginia. "**

（*The New York Times*, July 28, 2011）

（四月快过完了，军事行动仍然还未开始，他提醒林肯**"我
们要与这些危害社会的动乱分子和叛徒开战"**，并敦促**"在马里
兰和弗吉尼亚给予严重和快速打击"**。）

（《纽约时报》2011 年 7 月 28 日）

例（41）的叙述视角从记者的间接转述滑入人物言语的直接转述，其中的两处警示引语提示读者那是他人言语，不是记者自己所说，起着"提及"言语行为的信息功能。尽管有时警示引语的他人言语出处没有明确告知读者，但是可能作为已知的信息暗示了读者，如例（42）。

（42）Some physicians told her they knew they should be asking more about food, housing or social issues, but they were afraid of opening a **"pandora's box."**

（*The New York Times*, July 28, 2011）

（有些医生告诉她他们知道会问到更多有关食品、住房的或其他社会问题，但是他们害怕打开"潘多拉的盒子"。）

（《纽约时报》2011 年 7 月 28 日）

例（42）中的警示引语"潘多拉的盒子"虽未提及为谁所言，但那已是家喻户晓的神话传说。根据神话传说，潘多拉是人类第一个女人，她出于好奇打开一个"魔盒"，释放出人世间的所有邪恶——贪婪、虚无、诽谤、嫉妒、痛苦等，当她再盖上盒子时，只剩下希望在里面。后来人们通常以"潘多拉的盒子"喻指会带来不幸的礼物。所以记者在新闻中将"潘多拉的盒子"视为一个已知信息，委婉地报道医生担心谈论社会敏感问题会带来不良后果的顾虑。

这里还值得一提的是，有时警示引语的他人言语出处可能就在上下文中，如例（43）。

（43）胡锦涛总书记在第一时间指示，务必把救人放在第一位。温家宝总理赶往现场时对中外记者说的一番话，给遗属带来慰藉。他说："**我们不要忘记这起事故，不要忘记在这起事故**

中死难的人。这起事故让我们更警醒地认识到，发展和建设都是为了人民，而最重要的是人的生命安全；它也让我们认识到一个政府最大的责任就是保护人的生命安全。"

是的，最重要的是**"不要忘记"**。

（《人民日报》2011 年 7 月 29 日）

例（43）中第二段的警示引语"不要忘记"的出处就在前文第一段温家宝总理对记者说的一番话中，不仅体现记者"提及"的信息功能，更为重要的是体现记者突出强调其重要性的"使用"评价功能。在新闻报道中，警示引语的评价功能除了表达"强调"的语用之力以外，还体现隐性的赞成和不赞成的态度倾向，如例（44）。

（44）美国著名作家、名著《瓦尔登湖》和《论公民的不服从》作者戴维·梭罗曾说，"真话需要两个人，一个愿说，一个愿听"。我们期待中央部门公布的"三公经费"数字统统都是真实的，是"真话"；尽管此前不大愿意说，那么今后逐步走向**"愿说"**——公众当然是**"愿听"**的。而公众仅仅**"愿听"**、听过之后议论两句就算数，那显然是不行的；接下来的任务是，如何在**"愿听"**的基础上增加监督的分量，而最终让质疑之权利化为监督之能效。

（《都市快报》2011 年 7 月 21 日）

从语境来看，例（44）中前半部分的警示引语"愿说"和"愿听"指称隐含作者赞成的肯定态度，希望公众那样行事；而在后半部分的警示引语"愿听"指称则隐含作者不赞成的否定态度，指称表达那是有问题的"愿听"，希望公众改进。在一定语境下，警示引语还可体现记者隐性不赞同他人言语思想观点的评价功能，如例（45）。

（45）一座大桥垮了，可能有"偶然"因素。但如果本该百年寿命的大桥频频"短命"，则需要追问。

（《人民日报》2011 年 7 月 18 日）

例（45）中的警示引语"偶然"隐含所谓的"偶然"是他人的认识观点，暗示这种思想认识与记者自己无关，是别人说的话，试图与其拉开言语行为责任距离，体现记者不予认同的否定评价态度，这种警示引语的否定评价用法类似于反讽语气的语用修辞表达。

总而言之，警示引语的使用通常通过引号使要表达的内容更加突显，从而产生某个言外之力。Benbaji（2005：29）在转引《如何阅读》时指出，"引号的使用有不同的目的：（A）有时只显示我们在引述，而且表明我们的引语从哪里开始和哪里结束；（B）有时暗示引号内的那个词语或那些词语以某种方式公开质疑，而且只能参照某些特定的界定接受特殊的含义；（C）有时表明被引述的内容是无稽之谈，或事实上根本没有其所称的那个事物；（D）有时表明那些词语是不恰当的使用；（E）有时只表示我们正在谈论那些意义区别的词语"。因此，新闻报道中警示引语的评价功能含义通常都是记者隐含而非直接表达的。读者理解时除需理解字母意义之外，还必须利用已有的知识和经验，通过情景语境、互文语境和文化语境来进行推理和判断。根据功能语言学家 Halliday（1989）的语境理论，情景语境包括话语范围（field of discourse）、话语基调（tenor of discourse）和话语方式（mode of discourse）。互文语境包含两个层面：第一层面是文本内容前后的词、短语、语句之间的关系，第二层面是文本与文本之间的相互关系，指一个文本对其他文本的依赖，也就是说其他文本构成了某一文本的语境，成为这一文本的先决条件（Hatin 1997：30—31）。文化语境主要指人们在理解文本时所需要的百科知识或背景知识。

第四节　英汉新闻转述引语的言语行为机制

在书面语篇中，任何转述话语都是一种引语的形式，从语言学来说，它是把一个语篇引入另一个语篇。由于语言的运用是一种言语行为，说话人是通过以言行事表达三种行为：言内行为、言外行为和言后行为。新闻转述引语实质上也就是以言行事的言语行为，它的产生机制包括如下几个方面：

一　言语行为的构成要素

一个完整的言语行为 A① 有以下几个构成要素（刘大为 1991：16）：

（a）作为言语主体和次主体的说话人 S 和听话人 H

（b）以不同方式实现的行为过程 P

（c）行为发生的时空环境 C

（d）作为行为结果的语句 U

二　转述引语的投射关系

根据功能语言学关于小句复合体之间的关系，转述引语被视为一种投射现象。投射的内容分为报告（reports）、思想（ideas）和事实（facts）（Halliday 2008：441）。投射的方式分为三种：原话引用（直接引语）、间接转述（间接引语）和自由间接引语。

根据言语行为的构成要素，我们可以将转述引语 "He told *The Times* in an interview Washington had changed since his days in the White House.（他告诉采访中的《泰晤士报》自从他入主白宫以来华盛顿就有了改变。）"分析成这样的结构投射关系 "I 他（S）告诉（P）

---

① 构成要素中的字母 A 代表 "Act"（行为），S 代表 "Speaker"（说话人），H 代表 "Hearer"（听话人），P 代表 "Process"（过程），C 代表 "Circumstance"（环境），U 代表 "Utterance"（语句）。

采访中的（C）《泰晤士报》（H）Ⅱ自从他入主白宫华盛顿就有了改变（U）"。这一转述引语的言语行为投射关系结构可记为"A/U$_0$：Ⅰ（S、H、P、C）Ⅱ（U）"。

但是任何语言都有递归性，所以我们需要考虑转述引语的递归性，如例（46）。

（46）Mr. Dowd said, "I think his people know that that's probably the biggest hurdle they're going to have to overcome."

(*The New York Times*, August 19, 2011)

（窦德先生说："我想他的人都知道那可能是他们将不得不克服的最大障碍。"）

（《纽约时报》2011 年 8 月 19 日）

例（46）的投射关系是 U$_0$/A$_1$：Ⅰ窦德先生（S）说（P），Ⅱ"U$_1$/A$_2$：我（S）想（P）U$_2$/A$_3$：他的人们（S）知道（P）U$_3$/A$_4$：那可能是他们（S）将不得不克服（P）的最大障碍。"

从例（46）的投射关系来看，语句 U$_0$ 是一个述说言语行为 A$_1$，语句 U$_1$ 除被述说以外，本身又是一个被转述的言语行为 A$_2$，而 U$_2$又是嵌入的被述说言语行为 A$_3$，如此递归下去，如图 3.3 所示。

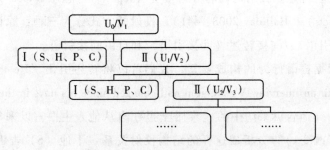

图 3.3　转述引语递归投射关系

第四章

英汉新闻转述话语的言据性比较

　　言据性（evidentiality）是新闻报道语篇的一个重要特征，具有重要的语用和评价功能。通过关于知识如何获得的信息编码以及作者和知识之间的关系，言据性表达人们作出事实论断的证据，影响读者对世界和知识的认知。新闻报道内容的选择、归属和重写的目的具有言据性意义，定位读者将内容和论点视为高度可靠，并对参与者、事件和事态持肯定或否定评价立场（Clark 2010：141）。

　　言据性的研究越来越引起语言学界的关注，国内外多数学者的研究主要涉及从历时或跨语言的角度研究各种语言的言据性形态标记特点、言据性的语法化范畴、言据性的句法和语义特征以及言据性的语用功能和社会认知等问题，通过对信息来源和态度、责任的标记，说话人/作者向听话人/读者传递交际行为意图，参见 Chafe & Nichols（1986），Palmer（1986），Mushin（2001），Dendale & Tasmowski（2001），Nuyts（2001），Aikhenvald & Dixon（2003），Aikhenvald（2004），Bednarek（2006），Hsieh（2008），Clark（2010），Fetzer & Oishi（2014），胡壮麟（1994），严辰松（2000），牛保义（2005），房红梅（2006），朱永生（2006），王国凤、庞继贤（2013）等学者的论著。对言据性的研究重心也越来越转移到言据性的语用功能上（Fetzer & Oishi 2014：321），逐渐从小句层面扩大到语篇层面来探讨言据性与语篇分析的关系，如 Bednarek（2006）运用语篇驱动的方法探讨新闻话语的认识定位与言据性的认知基础。

本章将基于英文报纸《纽约时报》和中文报纸《人民日报》的新闻报道语料探讨新闻报道言据性在政治新闻、商业新闻、体育新闻和时评社论等不同语域的使用分布特点和语用功能策略。研究的主要目的是试图揭示和解释：（1）英汉新闻报道如何通过词汇和句法手段体现报道言据性意义的语言编码，以及融入语篇中的程度；（2）新闻报道的言据范畴如何体现显性与隐性、主观与客观的互补关系及其语用功能，分析记者如何通过言据性定位受众的解读立场；（3）新闻语体不同语域的报道言据性语用策略有何差异，记者如何隐含地表达他们的报道动机、态度和情感，揭示言据性如何反映人类认知的社会属性。

第一节　言据性的概念特征及分析范畴

言据性又译作"可证性""实证性""传信范畴"，国内有些学者还将其话语表征译为证素（evidential）（胡壮麟 1994；严辰松 2000）。

一　言据性的概念界定

所谓言据性——证据的语言标记，主要是指说话人知识的来源以及对知识的态度或介入程度。早在 1911 年，美国著名的语言学家 Boas 在其《美洲印第安语言手册》（Handbook of American Indian Languages）中就讨论了这种后来被称为"言据性"的现象。46 年后，他在"克瓦克托语语法"（Kwakiutl Grammar）的论文中首次使用"evidential"（证素）这个术语来指代语句中那些能说明信息来源的"证据"（evidence）（朱永生 2006：331—332）。后来 Jakobson（1957）、Chafe 和 Nichols（1986）等诸多学者对言据性提出了各自独到的见解。

总的来说，言据性有狭义与广义的概念之分。狭义的言据性是指知识的来源。如 Jakobson（1957：135）把作为编码的言据（evidentials）描述为"有关叙述事件所称的信息来源"。Bybee（1985：184）也类似地把言据性描述为"表明有关命题信息来源的标记"。广义的言据性则指知识来源以及说话者对知识可靠性的态度，是一个语用的概念：作为说话人/作者对信息的责任或认识态度的话语策略编码。具体地说，是指对"信息来源的说明、对一个标记范畴的精确性或真实性的程度或者适切性的说明、对一个真理的或然性的说明以及对有关陈述或然性期待的说明"（Mithun 1986：86—90）。

　　尽管多数学者认为信息来源的显示在概念上不同于作者对信息可靠性评估的显示，但这一区分在"言据性"和"情态"这两个术语的现实使用中并不总是清楚的。言据性和情态的概念关系存在相互区分、相互包含和相互交叉的三种认识（Dendale & Tasmowski 2001：341—342）。相互区分的观点是指在概念界定上言据性与情态界限分明，其言据性的概念集中在 Willett 所谓的狭义的言据性意义上，否认两者有显性的关系。Willett（1988：57）把言据性类型分为直接言据和间接言据。直接言据指可以通过视觉、听觉或其他感官证实（attested）的证据；间接言据则指通过报道或经过推理得到的证据，其中报道包括通过第二手、第三手资料或者从传说中得知的证据，推理包括根据因果关系结论（result）或逻辑推理（reasoning）得到的证据。至于言据性和情态有些地方相互交叉的观点，van der Auwera & Plungian（1998：86）认为推理的言据性意义和认识必然性的情态意义是相通的。不过，更多情况下，学者们认为言据性和情态是相互包含的关系。他们所指的言据性是既指说话者知识信息的来源又指其确信程度的广义概念。Matlock（1989：215）认为，"言据是包含认识情态部分的语言单位，表示话语的信息来源以及说话者对所述信息确信的程度。"Palmer（1986：8—9）把认识和言据系统视为认识情态（proposional modality）的两种主要类别，并把言据情态分为报道型（reported）和感知（sensory）型，其中前者包括引语的（quotative）、传闻的（hearsay）和传说的（folkore），后者包括视觉的（visual）、非视觉的（non-visual）和听觉的（auditory）。

二 言据性范畴的分析框架

我们在狭义言据性和广义言据性的基础上，主要根据 Willett（1988：57）的分类范畴略作修改，提出适合新闻转述话语言据性分析的研究框架，具体的言据性范畴体系见图 4.1。

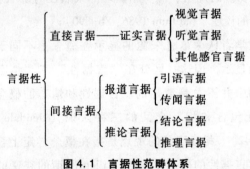

图 4.1 言据性范畴体系

如图 4.1 所示，"直接言据"指说话人通过视觉、听觉或其他感官形式获得知识和命题信息，表明说话人耳闻目睹的行为，如例（1）—（3）。

（1）在"温州温暖"里，我们**看到**，事故两小时，号召献血的微博集结了上千网友前往血站；温州三院招募志愿者的帖子，3 小时内挤爆 100 个名额；我们也**看到**，参与的通道还不够畅通，很多人不知如何发力；参与的方式还有待改进，组织效果还不能完全地最大化。

（《人民日报》2011 年 7 月 26 日）

（2）还没走进超市，（记者）就**听见**超市广播的宣传语音："海南蕉农今年遭受严重损失，急需您伸出援手。买一斤香蕉就是献一份爱心⋯⋯"

（《人民日报》2011 年 7 月 26 日）

（3）Players want to use paper ballots because that is the same process they used to dissolve their union, and they **feel** it indicates how seriously they took the vote.

（*The New York Times*, July 23, 2011）

（运动员想使用纸质选票因为过去他们解散联盟常常通过这样的方式进行，而且他们**觉得**那表明他们多么严肃地看待选票啊。）

（《纽约时报》2011 年 7 月 23 日）

在 2011 年 "7·23" 动车追尾事故发生后，人们迅速开辟了一个名叫 "温州温暖" 的网站，例（1）中的 "看到" 表示直接言据中的 "视觉言据" 标记，表明其后的命题内容是 "目睹" 获得的第一手信息，而第二个言据标记 "看到" 虽然字面上与第一个相同，但表达的意义却不一样，应理解为 "明白" 的含义，而表达第二手信息来源的 "结论言据"，属于间接言据。这一用法类似于英语 "I saw Mary cross the road."（我看见玛丽穿过道路。）和 "I saw that Mary had crossed the road."（我知道玛丽穿过道路。）中的表达区别。

例（2）中的 "听见" 是直接言据中的 "听觉言据" 标记，而例（3）中的 "觉得" 则属于直接言据中的 "其他感官言据" 标记，表达报道中命题信息的来源。

所谓 "间接言据" 指说话人对其表述没有直接证据，但具有其他的信息支持来源。第一类间接言据是 "报道言据"，指说话人被另一个人通过言语手段告知的第一手或第二手信息来源。报道言据包括 "引语言据" 和 "传闻言据" 两个范畴。在引语言据范畴中，信息来源被明确指称，并公开提及，如例（4）和（5），而传闻言据则指信息来源不明确，但仍然保持公开，如例（6）。

（4）泌阳县委有关负责人**告诉**记者，《河南省人民政府关于加强煤矿安全生产工作的补充意见》中规定：发生一次死亡 3 至 9 人较大事故的，给予县（市、区）政府有关部门主要负责人和分管负责人免职处理；责令县（市、区）长和分管副县（市、区）长作出书面检查。

（《人民日报》2011 年 8 月 11 日）

（5）Mitt Romney, the former governor of Massachusetts, last year **wrote** in an opinion article for USA Today that the payroll tax cut "will add to the deficit."

(*The New York Times*, August 25, 2011)

（前马萨诸塞州州长米特·罗姆尼去年在《今日美国》写的一篇评论文章中**写道**，工资税的削减"会增加财政赤字"。）

（《纽约时报》2011 年 8 月 25 日）

（6）根据 2010 年 3 月 22 日有关媒体报道，当日零时 40 分左右，泌阳县顺达矿业有限公司发生透水事故，11 人被困井下，"泌阳县主管安全生产的副县长王新科已被免职"。

（《人民日报》2011 年 8 月 11 日）

例（4）中的"告诉"是报道言据中口头形式的"引语言据"，而例（5）中的"wrote"（书写）则是报道言据中书面形式的"引语言据"，信息来源均已明确指称，但例（6）属于报道言据中的"传闻言据"，因为"有关媒体"的信息来源指称模糊、不明确，只是信息仍然保持公开。

第二类间接言据是"推论言据"，指说话人既没有亲自经历某个事件，也没被他人告知。这一推论言据包括"结论言据"和"推理言据"两个范畴。在结论言据范畴中，说话人的表述依据间接线索，如指向过去非目击事件的因果推理判断，如例（7）和（8）。

（7）**从区域来看**，西部 10 省市实有企业户数比上年底增长 5.12%，略快于中部地区的 4.78% 和东部地区的 4.75%。

（《人民日报》2011 年 8 月 10 日）

（8）"I got in trouble talking about the Federal Reserve yester-day," Mr. Perry said to laughter at a Politics and Eggs breakfast in Bedford, referring to his sharply criticized comments **suggesting** that the actions of Ben S. Bernanke, the chairman of the Federal Reserve, were potentially "treasonous."

（*The New York Times*, August 17, 2011）

（"昨天我谈论联邦储备体系陷入困境，"佩里先生对在贝德福德餐桌边谈政治的发笑者说，指其尖锐批评的评论表明联邦储备委员会主席本·S. 贝南克的行动是潜在的"背叛"。）

（《纽约时报》2011 年 8 月 17 日）

例（7）中的言据标记"从区域来看"，表明其后的命题信息不是对过去事件目击获得的，而是从区域情况的间接线索对事件结果的一种推理判断。而例（8）中的"his sharply criticized comments"（其尖锐批评的评论）是言据标记"suggesting"（表明）的间接线索，其后的命题信息"the actions of Ben S. Bernanke, the chairman of the Federal Reserve, were potentially 'treasonous'"（联邦储备委员会主席本·S. 贝南克的行动是潜在的"背叛"）表达一种事件结果的推理判断。

推论言据中的"推理言据"范畴，指并不基于间接线索而是通过逻辑推理或者一般常识或共识所获得的推测，如例（9）—（12）。

（9）Investigators **suspected** the e-mails might contain evidence about his role in helping the bank, Boston-based OneUnited, get language written into legislation that would ultimately help it secure federal bailout assistance.

(*The New York Times*, July 18, 2011)

(调查人员**怀疑**邮件可能包含他的有关证据，即他帮助波士顿联合银行修改语言表述，使之具有法律效力，从而最终有助于确保联邦救市援助合法性的角色。)

(《纽约时报》2011 年 7 月 18 日)

(10) Supporters of the proposal **argue** that the current measure of inflation overstates increases in the cost of living because it does not adequately reflect how, when faced with higher prices, consumers change their buying habits, substituting cheaper items for more expensive ones.

(*The New York Times*, July 7, 2011)

(提议的支持者**认为**，当前抵制通货膨胀的措施夸大了生活费用的增加，因为那没有充分反映消费者如何以及何时面对高价时改变购买习惯，购买较为廉价的商品替代更加昂贵的商品。)

(《纽约时报》2011 年 7 月 7 日)

(11) 这**仿佛**已成惯例：利益丰厚时争相管理，事故一出则互相推诿；日常养护、监察过程中缺少科学规范和严格执行，明知存在隐患也带病运行，而不肯防微杜渐。

(《人民日报》2011 年 7 月 18 日)

(12) **舆论普遍认为**，30 个"金融中心"是地方"形象工程"的翻版，折射的是官员政绩观的错位乃至扭曲。

(《人民日报》2011 年 7 月 26 日)

(13) The Southern Cross, **as it is sometimes known,** was never an official flag of the Confederate government, and it never flew over public buildings, despite what Hollywood might have one believe.

(*The New York Times*, July 29, 2011)

（**正如有时人们所知**，"南十字军"从来就不是邦联政府的官方旗帜，而且它也从未在公众楼房上飘扬，尽管好莱坞可能让人相信。）

（《纽约时报》2011年7月29日）

例（9）—（11）中的言据标记"suspected"（怀疑）、"argue"（认为）和"仿佛"分别是一种推理言据，从语境可知，表明并非基于间接线索而是直接推理其后表述的命题信息，而例（12）和（13）中的言据标记"舆论普遍认为"和"as it is sometimes known"（正如有时人们所知）也是推理言据，表明其后表达的命题信息是基于共识的推论。

第二节　英汉新闻转述话语的言据性语用比较

转述话语被视为言据性的一种形式，表明说话者如何获得其基于断言信息的语言手段。由于言据性作为说话者知识的来源和可靠性的功能，说话者通过他人言语增强自己的论点。言据性反映了语言、世界和人类三者之间的互动关系。在语言使用的交际过程中，语言使用者可以根据交际需要和意图选择言据性的表达方式。言据在新闻报道语篇中起着极其重要的作用，通常被典型地用来突显叙事的重要层面。

一　英汉新闻报道不同语域言据性的分布

我们对《纽约时报》和《人民日报》政治新闻、商业新闻、体育新闻和时评社论等不同语域的新闻转述话语的言据性使用进行了全面考察和分析，由于自由间接引语和混合引语没有明确的信息来源表达，无法分析其言据性的信息来源，所以我们在这一部分的研究中剔除了这些转述引语。下面是言据性范畴在不同语域中的使用情况，详见表4.1。

表 4.1   不同语域言据性的使用分布

统计 项目		直接言据			间接言据				合计
					报道言据		推论言据		
		视觉 言据	听觉 言据	其他感官 言据	引语言据	传闻言据	结论言据	推理言据	
纽约时报	政治新闻	2	1	6	290	12	32	31	374
	商业新闻	2	0	6	190	17	34	29	278
	体育新闻	0	0	4	191	11	23	21	250
	时评社论	1	0	10	182	7	103	60	363
	小计	5	1	26	853	47	192	141	1265
人民日报	政治新闻	1	1	2	57	23	24	8	116
	商业新闻	0	0	6	33	18	35	14	106
	体育新闻	0	0	1	41	6	13	7	68
	时评社论	1	0	0	33	4	46	7	91
	小计	2	1	9	164	51	118	36	381
合计		7	2	35	1017	98	310	177	1646

二 英汉新闻转述话语的言据性语用策略差异

从表4.1的统计数据来看，英汉两种语言新闻报道的言据性使用差异总体变化不大，基本呈现趋同的语用策略，但就不同言据性范畴和不同语域而言，出现的差异较大，具体变化差异如下：

（一）直接言据与间接言据

英汉新闻报道在言据性范畴使用方面，使用直接言据的概率非常有限，尽管新闻报道的目标是力求客观性，但记者亲临现场通过耳闻目睹获得的第一手材料极其有限，基本上依靠采访对象报告的第二手甚至第三手材料进行编写报道。因此，实证研究调查的结果表明：英汉新闻报道的直接言据分别为 2.53% 和 3.15%，间接言据分别为 97.47% 和 96.85%。

通常，人们会认为直接言据和间接言据两种范畴代表事件行为真实性介入的不同程度：间接言据表明转述者对说话人所说事件真实性的介入程度不如直接言据使用时那么大。其实，这一观点在有些情况下是对的，但在另一些情况下就未必正确。在新闻报道中，这就不是言据性使用的理由，因为言据性在新闻报道中的使用只表明转述者和事件行为之间的相对关系。转述者使用间接言据是表述发生在说话人指称范围以外的事件行为，而直接言据则说明事件行为发生在指称范围之内的事件行为。

（二）报道言据与推论言据

就报道言据和推论言据而言，英汉新闻报道绝大部分都使用报道言据，而较少使用推论言据，前者的使用频率是 67.74%，后者的使用频率则为 29.59%，参见图 4.2。

　　■报道言据　■推论言据

图 4.2　报道言据和推论言据的比较

这说明英汉新闻报道主要在于客观地报道新闻事实信息，而非过多地报道新闻信息来源的主观推理判断观点，使新闻报道更具说服力。

另外，从报道言据的范畴来看，英汉新闻报道的引语言据占 61.79%，而传闻言据仅占 5.95%，参见图 4.3。

　　■引语言据　■传闻言据

图 4.3　引语言据和传闻言据的比较

这说明记者在报道中主要借助新闻人物之口说话，而不是自我站出来评头论足，也较少使用尚未充分核实验证的传闻言据。即使在推论言据范畴中，也相对较多地使用依靠间接线索获得信息的逻辑结论言据（18.83%），而相对较少地使用没有表明间接线索的推测推理言据（10.75%）。这样从整体上使新闻报道更加客观公正、合理可信。

最后，从不同语域的推论言据使用情况来说，英汉新闻报道的时评社论使用推论言据的频率最高，分别占48.95%和34.42%，差异最为显著，见图4.4。

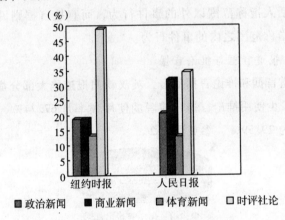

图4.4 英汉不同语域推论言据的比较

这一差异的原因明显与新闻报道的语体特点密切相关，因为只有时评社论语体才最有可能给报道提供更多推论性命题信息的使用空间，其他政治新闻、体育新闻和商业新闻等语域报道推论性命题信息的空间相对较小，但调查结果有趣的是，《人民日报》商业新闻的推论言据使用频率比《纽约时报》要高，仅次于时评社论语域的使用频率，这说明推论言据范畴存在不同报纸的个体差异。

（四）主观性言据和客观性言据

作为言据性标记的转述具有指涉知识来源和可靠性的功能，同时又具有体现主观性和客观性的另一功能。主观性可以界定为从主体感知的角度对事物或概念的反映，而客观性是脱离主体的感知视角对知识的中性反映（Sargin 2014：1238）。在语言学层面，直接转述是从被转述的说话人的主体感知视角，而非转述者的主体感知视角公开编码其对知识来源和可靠性的态度，因而体现转述的客观性态度。相反，间接转述是从转述者本身的主体感知视角表达说话人言语内容的知识来源，因而体现转述的主观性态度。

在新闻报道中，作为言据性标记的直接引语转述和间接引语转述反映不同的主观与客观报道程度。在我们考察的语料中，英语新闻报道的直接引语转述（含自由直接引语转述）占 35.56%，而间接引语转述（含自由间接引语转述）占 64.44%。但是，汉语新闻报道的直接引语转述（含自由直接引语转述）占 15.52%，而间接引语转述（含自由间接引语转述）占 84.48%。这一调查结果表明，从整体转述言据性来看，英语新闻报道表现的客观性比汉语新闻报道表现的客观性程度要高得多，而主观性程度则低得多。

事实上，新闻报道远非对事实的完全客观的反映，而是以报道者潜在的意识形态以及与意向受众相对应的方式建构现实。即使在直接引语中，通常被视为对原话的复制，记者都不可避免地通过引语的选择和框架材料的选择对被转述的说话人的话语信息加以过滤（Kuo 2007：282）。因此，即使对于同一新闻事件，不同的报纸也会依照其潜在的意识形态采用不同的转述方式进行报道。

第三节　英汉新闻转述话语的言据性语境建构

言据性一般被视为说话人对信息来源及其可靠性的一种认知编码，表明对命题信息的主客观性介入程度。在引述和转述表达中都可能有一定的转述者介入干预程度。Fowler（1981：108）认为，"不存在没有作者过滤的语境的语篇，作者选择命题并对其有特定的视角和态势，尽管如此，但人们还是认为事实的转述因其基于现实和事实性，是客观公正的，不偏不倚地反映现实和真实的呈现。"因而在转述话语中，转述者介入程度除了体现在各个言据性范畴的选择使用以外，还反映在各类语境参数的建构表达之中。

一　言语主体身份建构

支撑新闻报道事件和信息命题真实性和客观性的一个重要手段

是转述者根据转述语境建构言语主体的特定身份信息，这些突显的信息主要包括"地方区域""工作部分""职位头衔""年龄特征""姓名称谓"等，突显的行为意图在于突出其领导、专家、知情者等具有权威性和说服力的知识和信息拥有者角色，如例（14）—（17）。

（14）"Bad things will happen," said **a 58-year-old carpenter whose identification card read Gamal Abdel Nasser—the name of the Egyptian officer who led the last revolution, in 1952**. "People are fed up."

（*The New York Times*, July 23, 2011）

（"坏事要发生了，"**一位身份证上显示名叫加麦尔·阿卜杜勒·纳赛尔的 58 岁的木匠说——这是 1952 年领导最后革命的埃及官员的名字**。"人们活腻了。"）

（《纽约时报》2011 年 7 月 23 日）

（15）**Paul Showalter, 51, an American who spoke in favor of the program,** said a young illegal immigrant had been murdered in his Arlington neighborhood by another immigrant.

（*The New York Times*, August 25, 2011）

（**保尔·修沃尔特，51 岁，一位赞成这一计划的美国人**说，一名年轻的非法移民在阿林顿附近被另一名移民杀害。）

（《纽约时报》2011 年 8 月 25 日）

（16）**省委副秘书长、省委政研室主任、《纲要》起草组组长贺安杰**，制定这一部地方性法治建设纲要，历时一年多，作了 12 次大的修改。

（《人民日报》2011 年 8 月 4 日）

（17）"真的跟想象中很不一样！"这 12 名尚未毕业的大学生志愿者上岗之后感慨道。**中山大学社会工作系大二学生张**

钰说："在接访处实际接触到了很多群众，看到了社会的很多方面。"

　　能参与信访工作的大学生，首先要经过多重选拔。"12 个同学都是学校最骨干的学生，至少是校一级团委、学生会里的学生干部。"**中山大学一名老师说**。

（《人民日报》2011 年 8 月 8 日）

　　例（14）建构一位 58 岁具有领导身份的人物出来说话，符合评价年轻人行为的语境。在英语新闻报道中，年龄的表达方式还可以直接用阿拉伯数字来表示，如例（15）。例（16）中并列多个有定描述语"省委副秘书长、省委政研室主任、《纲要》起草组组长"是为了突显身份地位和资历，记者显然旨在暗示读者识解其为"制定法治建设纲要"人选的适切性，而例（17）则分别突出符合语境人物讲话的学生和老师身份的恰当性。但在报道中，并非所有的新闻人物都需要如此塑造，而是根据语境需要有选择性地交代和突显，使命题信息来源更具权威性，让新闻报道更易于为读者接受和认知。

　　经过对语料的考察，我们发现英汉新闻报道引语言据的言语主体身份建构具有以下不同的结构模式：

　　（一）英语引语言据言语主体身份建构的句法模式

　　根据限定词（determiner）与专有名词（proper noun = Np）的组合结构方式（如 determiner + noun phrase = NPd），言语主体限制性的名词 NP_1 + 名词 NP_2 的组合结构模式有四种类型：1. Np + Np，如 Judge Tahilyani；2. NPd + Np，如 the writer Naomi Klein；3. NPd + NPd，如 His Majesty the King；4. Np + NPd，如 President Asif Ali Zardari of Pakistan。

　　限制性组合模式类型 1 的 NP_1 和 NP_2 都由不带任何限定词的单个专有名词充当，且 NP_1 是表示职位头衔等称谓的专有名词（Np），NP_2 是表示姓名的专有名词（Np）。倘若 NP_1 为普通名词，如 poet Burns，

— 131 —

则为不合格形式，只有使用类型 2，如 the poet Burns 才可接受。

限制性组合模式类型 2 的 NP$_1$ 既可以是带限定词的专有名词短语，也可以是带限定词的普通名词，NP$_2$ 都是表示姓名的专有名词。

限制性组合模式类型 3 的 NP$_1$ 既可以是带限定词的专有名词，也可以是带限定词的普通名词，但 NP$_2$ 通常都是表示名词的专有名词，而且还可能为引语型同位结构（quotation apposition）。例如 "The blog 'Long War Journal' and NPR, the public radio network"。

限制性组合模式类型 4 的 NP$_1$ 为表示头衔的专有名词，NP$_2$ 是带限定词表示名称的专有名词。

但是，非限制性的名词 NP$_1$ + 名词 NP$_2$ 的组合结构模式有三种类型：1. Np + NPd，如 Shanti Bhushan, a prominent lawyer；2. NPd + NPd，如 the first victim, a 32-year-old herdsman；3. NPd + Np，如 the judge, M. L. Tahilyani。

非限制性组合模式类型 1 的 NP$_1$ 为表示人物、事物和地点名称的专有名词，NP$_2$ 为普通名词短语或带专有名词作限定词的普通名词短语。

非限制性组合模式类型 2 的 NP$_1$ 和 NP$_2$ 均可为普通名词短语和专有名词短语。

非限制性组合模式类型 3 的 NP$_1$ 多为具体描述性的人物、地点或团体组织、机构名称的名词短语，NP$_2$ 则为表示名称的专有名词。

就结构地位而言，这三种类型同位结构的 NP$_1$ 都为中心成分，NP$_2$ 都为修饰成分。在具体语境中，它们之间的结构位置有时可以相互交换，有时相互交换则会影响句法的可接受性，例如（18）和（19）。

    （18） a. A former linguist, Edward Witten, is now the top-dog in string theory.

           b. **Edward Witten, a former linguist,** is now the top-dog in string theory.

(19) a. There was **a former linguist,** Edward Witten, at the party.

b. # There was **Edward Witten, a former linguist,** at the party.

此外，在各种限制性和非限制性组合结构模式中，NPd 的限定成分可为"定冠词、指示代词、代词所有格、名词所有格或后置修饰语"等确定性限定词和"不定冠词"等非确定性限定词。这些确定性和非确定性限定词的使用取决于说话人对受话人辨别指称对象所假定的方式，确定性限定词的使用，表明说话人假定受话人至少在特定的语境中可辨别所指称的实体。结构模式中专有名词与描述成分的组合，被假定为指称对象是可辨别的。非确定性限定词的使用，表明所指实体不为受话人所熟知，如例（20）。

(20) The Forth Worth event, in Mr Bush's home state of Texas, will also feature **Colin Powell, the former Secretary of State, Rudy Giuliani, the former New York Mayor,** and **Rick Belluzzo, a former Microsoft executive.**

(*The Times*, October 24, 2009)

（在布什先生的家乡德克萨斯州的沃思堡事件的特写报道中，也将以**前国务卿科林·鲍威尔，前纽约市长鲁迪·朱利安尼**和**前微软总裁里克·贝鲁佐的事迹为**专题。）

（《泰晤士报》2009 年 10 月 24 日）

例（20）中的 NP₁ 美国前国务卿"Colin Powell"（科林·鲍威尔）和 NP₁ 前纽约市市长"Rudy Giuliani"（鲁迪·朱利安尼）均为受众熟知，所以其组合结构的 NP₂ 均使用了确定性的限定词（定冠词），而另一个 NP₁ 前微软总裁"Rick Belluzzo"（里克·贝鲁佐）

则不那么为受众熟知，因而记者有理由使用不定冠词表示非确定性的 NP₂ 组合结构，这种描述仅仅使这种组合结构与受众的知识基础产生一定的语境联系。

(21) **The House Democratic leader, Representative Nancy Pelosi, who met privately with Mr. Obama on Friday morning,** told reporters later in the day that her position was firm.

(*The New York Times*, July 8, 2011)

(**众议院民主党领袖南希·佩洛西众议员星期五上午秘密会见了奥巴马先生**，在当天晚些时候告诉记者说她的立场是坚定的。)

(《纽约时报》2011 年 7 月 8 日)

例 (21) 中的 NP₂ "Representative Nancy Pelosi"（南希·佩洛西众议员）和 NP₂ "who met privately with Mr. Obama on Friday morning"（星期五上午秘密会见了奥巴马先生）是两个并置的组合结构，共同构建 NP₁ "The House Democratic leader"（众议院民主党领袖）的身份信息，而且后一个 NP₂ 为嵌入式的组合结构。

(二) 汉语引语言据言语主体身份建构的句法模式

汉语新闻报道中，引语言据言语主体身份建构的组合结构模式与英语的不同，主要体现在表达的序列结构成分上，限制性的组合结构模式主要有四种类型：(1) 身份名称 + 名词；(2) 限定词 + 名词；(3) 有定描述成分 + 名称；(4) 两个以上的并列组合。

类型 (1) "身份名称 + 名词"中，身份名称主要包括职业、职务等身份称谓信息，其后组合的"名词"包括普通名词和专有名词，如例 (22) 和 (23)。

(22) 本报北京 7 月 20 日电（记者欧阳洁）在今天召开的

2011 年第三次经济金融形势通报分析会上，**银监会主席刘明康**强调，各银行业金融机构要加强风险管理的主动性和前瞻性，深入推进平台贷款风险防控，从细从实化解既有风险、严控新增风险。

（《人民日报》2011 年 7 月 21 日）

（23）**顾客王先生**说："出示一下取货短信，在扫码仪器上刷一下，编码就能辨认出来，领小票、签字、拿货，整个过程前后不到 3 分钟，还挺方便的。"

（《人民日报》2011 年 7 月 26 日）

类型（2）"限定词 + 名词"中，这里的名词通常为表示职务的普通名词，如例（24）和（26）。

（24）巴基斯坦南部信德省的**一位官员**称，警方已经逮捕了 12 名持有枪支和弹药涉嫌参与此次暴力事件的男子。

（《人民日报》2011 年 7 月 7 日）

（25）**该负责人**说，目前，不论是以自有资金还是管理资金开展直投，都不属于证券业务或者特许业务，民营企业、外资企业、部分国有企业普遍开展该项业务，而且外资、民营私募投资机构占据了市场主导地位，且基本不受监管。

（《人民日报》2011 年 7 月 11 日）

类型（3）"有定描述成分 + 名词"中，有定描述成分包括地方领域、工作部门、身份头衔等信息，名词同样可以是普通名词和专有名词，如例（26）—（28）。

（26）**家住石景山的焦大爷**说："儿子在淘宝上买了两把香蕉，让我过来取。这两把香蕉总共也才 15 块钱，而这一路开车

— 135 —

过来的花销却比香蕉价钱还多，不过做了善事，心里还是挺高兴的。"

（《人民日报》2011 年 7 月 26 日）

（27）**省委书记孙政才**说："这既是省委常委对自己提出的严格要求，也是对中央、对全省广大干部群众作出的郑重承诺。"

（《人民日报》2011 年 8 月 2 日）

（28）**证监会有关部门负责人**说，试点三年多来，证券公司直投子公司运转正常，业务开展稳健，在强化内控、有效监管的基础上，直投业务可以做到风险可测、可控、可承受，具备了由试点纳入常规监管的条件。

（《人民日报》2011 年 7 月 11 日）

类型（4）"两个以上的并列组合"指两个以上上述类型的任意组合结构，如例（29）。

（29）**负责组织了三次观摩的市政府副秘书长田文**告诉记者，"拉练式"观摩目的有三：激励干部、推动工作和交流学习。

（《人民日报》2011 年 7 月 11 日）

二　时空环境重新语境化

转述话语从原话语语境转入当前转述话语语境的过程是一个重新语境化的过程，在语境转化后，缺失了原言说行为的音调、音高、姿态、表情等副语言特征。而在新闻报道中，有时转述者把"时间、地点、方式"等情景环境重新语境化，使其重新提及，以激活读者对转述话语即时语境的认知，增加报道的真实性，如例（30）—（33）。

（30）"It's fair to say that the fact the stimulus bill did not pass is my responsibility," Mr. Paster told ***The New York Times* in May 1993**. "I miscalculated over what it would take to negotiate a bill."

(*The New York Times*, August 15, 2011)

（"公允地说，经济刺激法案未通过的事实是我的责任，"**1993 年 5 月帕斯特先生告诉《纽约时报》**说，"我错误地估算了法案的谈判"。）

（《纽约时报》2011 年 8 月 15 日）

（31）"We can cut payroll taxes again," he said **last weekend in his weekly public address**, "so families have an extra ＄1, 000 to spend."

(*The New York Times*, August 25, 2011)

（"我们再次削减工资税"，他**上周末在每周的公共演讲中**说，"所以家庭就有额外一千美元可花。"）

（《纽约时报》2011 年 8 月 25 日）

（32）**开营仪式上**，国务院侨办主任、中国海外交流协会常务副会长李海峰表示，希望大家珍惜难得的机会，体验博大精深的中华文化，增进对祖国大陆的了解与认知。

（《人民日报》2011 年 7 月 12 日）

（33）庐山管理局**回应媒体时**称，在本次笔试中，有很多干部子女参加笔试，只有 7 名入围面试，占总入围人数的 1/5，属于正常现象，而且实行了回避制度，招聘工作是公开、公平、公正的。

（《人民日报》2011 年 8 月 11 日）

例（30）中的时间"in May 1993"（1993 年 5 月）和受话对象"*The New York Times*"（《纽约时报》），例（31）中的时间"last weekend"（上周末）和场景"in his weekly public address"（每周的公共演讲中），例（32）中的场景"开营仪式上"和例（33）中的

方式语境"回应媒体"等语境框架都使转述话语的语境得到重新语境化，指向所涉及的时间、地点、行为方式等即时语境，激活读者对转述话语发生情景的认知，从而增强读者对转述话语真实性的信念，真实的新闻话语是新闻客观性的有效表征。

第五章

英汉新闻转述话语的互文性比较

　　一般意义上来说，"对话"的意思是两个或者多个言语主体之间的言语交际。这个概念与语境中的互动意义联系在一起，有时还与独白相对而论。从词源的角度来看，英语的对话（dialogue）一词"源于希腊词'dialogos'，其中的'logos'指'意义'，前缀'dia'意为'穿越'（through）或'跨越'（across）。这一希腊词根隐含意义产生于互动的概念；它不是业已存在的东西，等待人们去发现。意义是通过交际而共同建构，既反映信息交流的形式，又反映个体之间的关系。对话的可能实现有赖于主体相互对待的态度、交流和行为的方式以及相遇的语境"（Littlejohn & Foss 2009：301）。按照伯姆（Bohm 1996：6—7）的说法，"logos"这个希腊词根"代表着'词的意义'（meaning of the word）。Dia 的意思不是'两'个（two），而是'穿越'（through）"。因此对话并不仅仅限于两人之间，它可以在任何数量上的人之中进行。甚至就一个人来说，只要他抱持对话的思维和精髓，也可以与自己进行对话。这就意味着对话仿佛是一种流淌于人们之间的意义溪流，它使所有对话者都能够参与和分享这一意义的溪流，并因此能够在群体中萌生新的理解和共识。

　　巴赫金认为，"对话交流是语言的生命真正所在之处。语言的整个生命，无论是在哪一个运用领域（日常生活、公共交往、科学、文艺等），无不渗透着对话关系……这种对话关系存在于话语领域之中，因为话语就其本质来说具有对话的性质"（Bakhtin 1984：183）。从对话关系来看，话语是对言语交际领域中其他表述的种种应答性反应："它或反驳此前的表述，或肯定它，或补充它，或依靠它，或以它为已知的前提，或以某种方式考虑它。"（Bakhtin 1986：91）

第一节　对话性与互文性

对话与人类文明的发展史相伴，与人类的文明一样古老。伯姆（1996）在其《论对话》中指出，早在远古时期就有一个部落存在着一种对话的精髓，他这样描述了这个部落生活的文明对话（Bohm 1996：16—17）："曾有一个人类学家到北美的一个部落考察和生活过。……部落的每个人经常定期地像我们这样围成一圈坐在一起。他们只是相互地说啊说啊，显然没有任何特定的目的。他们不形成任何决议。没有领袖。每个人都参加。大家也许听某些智者或长者的多些——不管他们是男是女——但每个人都可以自由发言。会议就这样继续下去，直到最后毫无缘由地停止，人们各自散去。但此后似乎每个人都明白自已应当做什么。因为他们相互之间已经非常理解了。"

从人类传播与文化发展的进程与形态来看，在前文字与前阅读时代，就是一个人人讲话、彼此轮流言说的听觉文化时代。这种文化在人类文明的创造与传承上，曾起到过十分重要的作用（闵惠泉 2004：25）。以对话为样式的认知活动并以文本典籍所记录和所承载的文明可追溯到西方文明的主要发祥地古希腊，即公元前 495 年至公元前 322 年之间被誉为盛行政治和文化民主的时期。苏格拉底就生活在这段时期内，他的对话法，即人们所称的"苏格拉底对话"

（Socratic Dialogue）被他的学生柏拉图（Plato）记载下来。

"苏格拉底对话"是当时一种很特别的而又广为流行的体裁。它的前提条件是对话的人们之间产生了狂欢式的亲切关系，人们之间的任何距离全都没有了。它是在这种民间狂欢节的基础上形成和发展起来的一种对话体，深刻地渗透着那种狂欢化世界的感受。后来巴赫金在对"苏格拉底对话"的基本表现形式特点作了概述的基础上，对语言的对话性实质作了进一步的阐述。

一　巴赫金的对话性

话语是语言交际的最基本的单位，语言真正的生命便在于话语。话语正是搭建起语言与社会、语言交际活动的意义与赋予其意义的更广的社会体系之间关系的桥梁。以话语为理论研究的出发点，巴赫金提出了任何话语都具有的对话属性，即交际活动的主体在生成自己话语的过程中，始终将其置于新的环境中，带来新的社会活动。因此，话语与过去和现在都有着千丝万缕的联系，其意义既属于自己也同属于他人。巴赫金的这种观点揭示了语言所具有的多样性，也就是来自不同时代和区域、具有不同社会地位的人使用的话语所体现的千差万别的特性（赖彦 2011：29）。巴赫金（Bakhtin 1981：288）指出："语言只有作为由一系列规范的语法形式组成的抽象的语法体系、脱离其内在的具体的思想意识概念才具有统一性……现实的社会生活和历史变化带来［语言内部］各式各样且各自自成一体的、用言语表述出来的思想意识体系……［构成这些思想意识体系的］是充满多种语义意义和价值取向的语言成分，每一种语言成分都有其各自不同的声音。"

巴赫金把上述"各自自成一体的、用言语表述出来的思想意识体系"解释为"异质多声的社会语言"（social languages of heteroglossia），即性质各异的社会声音。这形成一种话语所具有的内在的对话性：一方面，任何话语总是处在社会的、历史的言语语境中。不管一段话看起来多么具有独白性，实际上它都是对他人的回应，都同先于它的其他话语处在程度不同的对话关系之中，是先前话语的继续和反响；另一方面，任何话语都希望被人聆听、让人理解和得到应答。当人们的焦点投向逻辑和对话性关系之间的差异时，"声音"（voice）这个术语的理论意义变得特别显现，它作为对话的单位，能在整体的话语中得到强烈的表现。比如"生活美好"、"生活美好"，根据逻辑命题，这是两个完全相同的话语。但就对话性的观点而论，它们可以被看作交际中两个空间上相独立的人的声音所表达的话语，在这种情况下含有同义的对话关系。同样，人们可以比较"生活美好""生活不美好"，这两个话语。在逻辑的框架中，是一个论断否定另一个论断的逻辑关系。然而，当这两个话语出自不同的言说者，却产生意见不同义的对话关系。这种同义与不同义的对话关系，就像问与答的基本对话形式。这里，为了避免误解，需要指出，巴赫金当然并非拒绝逻辑规则。他只是强调对话关系具有深刻的特殊性，不可把它归于逻辑关系、语言学关系、心理学关系、机械关系或任何别的自然界的关系。这是一种特殊类型的含义关系，构成这一关系的成分只能是完整的表述，或者被视作整体或潜在的整体，而在这些完整表述背后有着实际的或潜在的言语主体，即表述的作者。同时还应指出，对话关系又不等同于日常生活中的对语之间的关系，它比实际对话中的对语关系还要"更为广泛、更为多样、更为复杂。两个表述在时间和空间上可能相距很远，互不知道，但只要从含义上加以对比，便会显露出对话关系，条件是它们之间只需存在着某种含义上的相通之处（哪怕主题、视点等部分地相通）"（巴赫金 1998：333）。比如，在某个学术问题的研究中，对比不同的表述、见解、观点，便会在某种含义的"相通之处"产生着对话关系。在文学活动中存在着多种对话关系，不仅作品中的人物与人物对话，而且包含作者与人物，读者与人物，作者与读者的对话。今天的读者与过去不同时代、不同民族的读者之间，都存在着对话关系。

巴赫金认为（转引自 Lesic-Thomas 2005：4），作为最小分析单位的文本词语并非是一个固定意义的点，而是不同文本表层的相互交叉汇合，是不同书写的对话，即作者、接受者（或作品人物）以及现在或过去的文化语境之间的对话。他把文本置于历史和社会之中，历史和社会本身被看成作者解读的文本，并且通过在其文本中重新书写文本而将自身置于其中。因此，作者、读者、历史和社会都作为文本出现而产生对话关系。巴赫金率先从言语体裁、小说话语等方面探讨多种形式的对话关系和功能，超越了形式主义静态、封闭的研究模式，开启了对文本结构以及文本之间的动态研究过程。在巴赫金看来，文本中写作主体、受话者和各种外部文本这三个因素构筑了一个对话关系，而且文本的声音总是被定位指向此前或共在甚至未来的对话声音。从实质上来说，巴赫金的对话理论是一个抽象的概念，它强调自我与他者之间的一种辩证关系。在这个关系中，自我处于相对核心的地位，需要与作为非核心的他者而存在。各种声音和意识在对话的相互作用和影响下，与各方协商交流，构成不同思想、观念和立场的争论与交锋。

Smirnova（2012：235）指出，"当代媒体话语的特色特征是它的多层面对话性质。报纸话语包含多种转述话语形式的'真实世界'交际空间的对话性存在"。请看下面这则新闻报道中转述话语对话性的经典例证：

河南泌阳回应"免职"副县长仍居官位
副县长因矿难"记大过"非免职（热点·回应）

本报郑州 8 月 10 日电 （记者曹树林）近日，**有媒体报道**：2010 年 3 月的一起矿难后，已被"就地免职"的河南省泌阳县主管生产安全的副县长王新科，过去一年来一直以副县长身份工作、出席正式公务活动，近期还兼任该县政法委书记。

泌阳县委宣传部就此回应：媒体此前报道有误，矿难后王新科副县长并未被免职。

8月7日，有网友发帖爆料称，2010年3月因为矿难被免职的泌阳县副县长王新科不久前被"提拔为县委常委、县政法委书记"。而根据《关于实行党政领导干部问责的暂行规定》，引咎辞职、责令辞职、免职的党政领导干部，一年内不得重新担任与其原任职务相当的领导职务。因此，王新科的此次任命备受争议。

根据2010年3月22日有关媒体报道，当日零时40分左右，泌阳县顺达矿业有限公司发生透水事故，11人被困井下，"泌阳县主管安全生产的副县长王新科已被免职"。但在此后一年多里，王新科却仍然以"副县长"的身份出现在泌阳县的许多官方活动中。

泌阳县委宣传部对此书面回应说，透水事故中11人被困井下，最终2人获救，9人遇难。事后，驻马店市政府下发了《关于泌阳县顺达矿业公司条山铁矿"3·22"较大透水事故调查报告的批复意见》。而在责任划分及处理意见中，没有涉及王新科同志的责任问题。

泌阳县委有关负责人告诉记者，《河南省人民政府关于加强煤矿安全生产工作的补充意见》中规定：发生一次死亡3至9人较大事故的，给予县（市、区）政府有关部门主要负责人和分管负责人免职处理；责令县（市、区）长和分管副县（市、区）长作出书面检查。

根据相关规定，给予主管副县长王新科的处分是"记大过"而非免职。正是因为王新科受到了处分，王新科虽然按照规定程序担任了政法委书记，却暂未按惯例进入县委常委会。

（《人民日报》2011年8月11日）

在上述《人民日报》的新闻报道中，新闻导语开头部分就"副县长王新科是否被免职的热点问题"记者妙用转述话语分别作为论点和论证展开言语行为的对话互动，接着又继续援引五个不同来源的转述话语作为证据进行对话磋商，从而达到事实真相的澄清。可见，转述话语具有新闻记者可资利用的"问与答"和"肯定与否定"的潜对话暗辩的修辞潜势，记者完全隐身新闻报道其后，不露声色地担当"导演"和"观众"角色与读者进行交流互动，展现报道的客观性和公平性。

二　克里斯蒂娃的互文性

克里斯蒂娃（Kristeva）在将巴赫金小说理论引入法国文学批评时用"互文性"（intertextuality）概念取代了"对话性"概念（Le-sic-Thomas 2005：1），从某种意义上说，克里斯蒂娃的互文性理论是对巴赫金对话理论的改造与发挥。她的互文观是把文本看作一个由作者、读者和外部文本共同构成的三维空间，文本中词的地位则按照连接作者与读者的水平轴和连接当前文本与其他文本的垂直轴来共同加以界定（见 Becker-Leckrone 2005：93）。这样，文本空间的水平轴（主体——接受者）与垂直轴（文本——语境）相交汇，揭示出文本的这样一个重要事实，即"词语（文本）是众多词语（文本）的交汇，人们至少可以从中读出另一个词语（文本）来。在巴赫金的著作中，他把水平轴称作对话（dialogue），而把垂直轴称作二重性（ambivalence）"（Kristeva 1980：66）。

巴赫金所指的"二重性"原本是其在对拉伯雷作品进行文化诗学解读时所提出的概念，指的是同一事物中存在相反两极的对照共生；正反两极的共生与不断相互转换正是狂欢世界的根本特征。他认为，"狂欢式所有的形象都是合二而一的，他们的身上结合了嬗变和危机两个极端：诞生与死亡（妊娠死亡的形象）、祝福与诅咒（狂欢节上祝福性的诅咒语，其中同时含有对死亡和新生的祝愿）、夸奖

与责骂、青年与老年、上与下、当面与背后、愚蠢与聪明。对于狂
欢式的思维来说，非常典型的是成对的形象，或是相互对立（高与
低、粗与细等），或是相似相近（同貌与孪生）"（Bakhtin 1984：
126）。但克里斯蒂娃对"二重性"赋予了新的特定含义：同一事物
相反两极属性的对照共生以及具有不同属性事物之间的正反对照共
存，并将之转化为词语（文本）与先前的或者同时期的其他词语
（文本）之间的共生关系。

因此，克里斯蒂娃继承并发展了巴赫金的对话思想。她首先肯
定了巴赫金将文本置于历史和社会中进行考察的方法。社会和历史
本身在某种程度上又是以文本的形式被作者阅读，这使得作者在创
作文本时，实际上是在重新书写以文本形式存在的历史和社会。她
不仅阐述了巴赫金所谈到的语言固有的对话性、文本表意手段与叙
述结构中的多种对话原则，而且还从词语地位的概念入手，探讨了
词语/文本之间的对话关系。

总之，"互文性"是克里斯蒂娃在 20 世纪 60 年代提出的，指的
是"一个（或几个）符号系统移位到另一个符号系统"（Kristeva
1984：60）；在她看来，所有语篇本质上都是互文的："任何语篇都
是由引语拼凑而成；任何语篇都是对另一语篇的吸收和转换。"
（Kristeva 1986：37）互文是语篇表达命题内容所呈现的结构关系特
征，而对话是互文在语篇中实现的修辞效果。从这一意义上来说，
互文为语篇分析提供了一个重要的修辞视角，即创造语篇的对话意
义潜势。这种语篇内在的对话意义潜势主要表现在两个方面：

一方面，尽管一个书面语篇不如会话语篇那么具有互动性，但
它不是一个静态的产物，而是一个动态的互动实体。当一个语篇生
成时，它必将引起该语篇接受者的假设、信念甚至误读的反应。在
这一点上，作者是在与期待的读者对话。也就是说，一个语篇的生
成是作者通过语言资源设想和建构理想读者的一个社会过程。在交
流的接受一端，读者持有自己的各种假设、信念和期待。他们同意

或不同意语篇的观点。他们可能在感情上受到所读语篇的影响。

另一方面，书面语篇的对话意义潜势还在于语篇生成时作者可能记忆或想象与先前的、现在的或未来的语篇的关系层面。这一层面呈现作者生成语篇时所意识到的各种各样的声音，可能借用他人的声音，并将其融入自己的声音中去。

第二节　新闻转述话语的对话性

话语转向是媒介研究的一个新视角（李岩 2010：31），随着话语分析研究的不断深入，越来越多的研究者从语言学、语义学、文化或意识形态等角度对新闻文本进行话语解构（van Dijk 1988：175）。话语分析一方面强调话语的意义生成和交流关系，从而加强对影响文本生产、分配、消费、解释的认知以及社会文化情境的系统研究；另一方面，把话语实践的功能和策略建构作为分析的重心。

转述话语被看作一种普遍的基本交流手段和建构世界的方式。Tannen（2007）认为转述话语是一个具有误导的术语，因为转述话语不仅仅是关于先前话语内容的转述，而更为重要的是创建与其对话。因此，她提倡"建构性对话"这个术语，而不是转述话语。Holt（2007）也注意到转述话语是一种激发社会参与和引起认同的重要语言手段。Antaki 和 Leudar（2001）发现，议会成员直接引用对方的原话作为一种与对方辩论和推进自我观点的策略。Buttny 和 Cohen（2007）证实转述话语在公开听证会中具有多元功能的本质：说话人使用这一话语手段策略性地回应、评价以及挑战他人所言。所有这些研究成果表明，转述话语可以被不同语境中的言语互动者用以达到某些对话的交际意图。

一　对话关系的主体间性

对话主义（dialogism）意味着，"每一言语行为、体裁和语式，都承载着'他者'的印记，不管'他者'是直接的在场，还是隐含的或识解的在场"（Gasparov 2010：12）。在对人与人关系的定位中，人类所面临的基本关系除了传统的"我—它"的关系外，还有一种"我—你"之间的关系价值应当得到重视。在马丁·布伯（Martin Buber）的本体论对话思想中，"我"不是把处于自我之外的一切当成是被经验、被分析、被利用的东西，而是把二者看作我与你的关系，彼此相互应答，相互作用，相互依赖（Buber 1958：22）。在他看来，人与人之间真正的对话关系就是在"我—你"两个主体之间发生的，"我—你"之间是平等的对话与交流，"我"不是居高临下或置身其外，而是全身心地与"你"做呼应。他认为，"在真正的对话中，我把我对话中的同伴作为与我共享这个世界的人相联系，我并不企图操纵我对话中的同伴，也不试图操纵我们之间产生的关系或会话。我细心地和全身心地倾听我对话中的同伴意愿与我共享的东西，并且在与我的同伴会话时，我努力把我自己的整个存在与他或她的整个存在相联系。因此，'我—你'的相遇有助于建立和鼓励真正对话的态度"（Gordon 2001：140）。

巴赫金的对话理论也作了类似精辟的论述："任何话语都是在对他人的关系中来表现一个意义的。在话语中我是相对于他人形成自我的，当然，自我也是相对于所处的集体而存在的。话语是连接自我和他人之间的纽带。如果它一头系在我这里，那么另一头就系在对话者那里。话语是说话者与对话者之间的共同领地。"（巴赫金 1998：230）在巴赫金看来，对话关系的主体间性不仅指一个发话者与其他发话者即自我与他者之间的对话关系，而且应该包括发话者与其自身的对话关系。巴赫金从伦理学的角度把存在看作个人行为的产物，而并非通常所理解的客体的存在。整个存在被看成是同等的包含着自我与他者两人，我的存在是一个"我之自我"，我以外皆为他者"与我之他"（夏忠宪 2000：23）。自我作为主体是一个生命存在的事件或进程，在存在中占据着唯一的、不可重复的、不可替代的位置，是一个确实的存在。然而，这种存在又是不完整的、片面的，因为每个自我在观察自己时都会存在一个盲区，就如同我们不可能看见自己的脸和后背一样，但是这个盲区却可以被他者所看见，这种独特的个体视野即为每个个体都拥有的视野剩余。这种情况就决定了自我不可能是封闭、完成、自给自足的，自我的存在与发展离不开他者，只有在他者的帮助下我才能展示自我，认识自我。他者在巴赫金的概念中主要并非一个实体概念，而更多地表现在精神方面，指他人意识、他人思想，也可指思想的产品，即主人公和作品。他者、他人意识是作为与自我、自我意识拥有平等地位，同样价值的主体出场的。他者、他人意识是对话的基石，没有他人意识，对话就不可能存在，一切就只剩一个声音。"单一的声音，什么也结束不了，什么也解决不了。两个声音才是生命的最低条件，生存的最低条件。"（Bakhtin 1984：254）

　　事实上，对话关系的主体间性在书面语篇和在口头会话语篇中同样显现出在场的作用。"一个书面语篇，即使表现出最为正式和抽象的特征，也都总是与其隐含读者合作，其影子的存在决定着对什么需作陈述、驳斥、解释、赞成或反对的默契理解，并随后影响具体表达方式的选择。"（Gasparov 2010：13）

二　隐含作者和隐含读者的对话关系

　　在本质上，对话性并非文本中以引号标志的明显的对话，而是一种在各种价值相等、意义平等的意识之间相互作用的特殊形式，而这种对话性是叙事艺术的生命之所在。叙事话语文本是作者与读者对话的媒介，文本中的一切——话语、结构、创作方法，都处于两者的对话关系中。在叙事话语文本框架之内，西摩·查特曼（Seymour Chatman）提出了下列叙事话语的文本对话交际模式（Chatman 1978：151），如图5.1所示。

叙事文本

真实作者→｜ 隐含作者→（叙述者）→（受述者）→隐含读者 ｜→真实读者

图 5.1　叙事文本对话交际模式

　　真实作者和真实读者在话语实践上是不可或缺的，前者是话语的实际创作者，后者是话语的实际阅读者。两者在经典叙事学的研究中被排除在叙事话语作品的研究范围之外，作为外部要素。在叙事话语文本框架之内的交际参与者则是隐含作者与隐含读者和叙述者与受述者。隐含作者（implied author）这一概念，实际上是韦恩·布斯（Wayne C. Booth）在其《小说修辞学》中提出来的，布斯将隐含作者称为作者的"第二自我"（second self）（Booth 1983：71）。根据这一观点，隐含作者诞生于真实作者的创作状态之中，通常被视为由读者从文本的所有组成成分中推理的和整体形象构建的，是"从叙述中归纳、推理出来的一个人格，这个人格代表了一系列社会文化形态、个体心理"（赵毅衡 1998：10）。隐含作者的概念被看作一套隐含规范，是读者把握和理解话语的产物。他是话语作为整体的控制意识，是话语中所体现的规范来源。

　　隐含作者通常在智力和道德标准上远远高于真实作者。真实作者服从于现实生活的变幻，而特定话语的隐含作者被构想为一个稳定的实体，在话语中理想地与其自身相一致。在话语建构中，"隐含作者通过整体的设计，借助所有的声音，采用它所选择的使我们得以理解的所有手段，默默地指导我们"（Chatman 1978：148）。詹姆斯·费伦（Phelan 2005：45）指出，"隐含作者是真实作者精简了的变体（a streamlined version），是真实作者的一小套实际或传说的能力、特点、态度、信念、价值和其他特征，这些特征在特定话语的建构中起积极作用。"申丹（2009：32）也认为，隐含作者以特定的方式（"第二自我"的面貌出现）进行写作，通过自己的各种写作选择创造了自己的文本形象，而这种形象往往不同于此人在日常生活中的面目，故构成了一种变体。

而隐含读者（implied reader）在叙事话语文本中则是与隐含作者相对应的。他是隐含作者心目中的理想读者，或者说是文本预设的读者。这是一种跟隐含作者完全保持一致、完全能够理解话语文本的理想化的阅读位置。隐含读者是依照与隐含作者的价值观与文化规约的意义所形成的，并在文本中以潜在的对象而存在。

新闻也即一种叙事，通过话语向读者传递新近发生的事实。因此，新闻话语的建构也就必然受到与隐含作者和隐含读者对话的某种文化制约。

三　隐含作者和隐含读者对话的文化规约

新闻生产的日常惯例体现了新闻作为一种"公正"的社会知识，是文化构建的产物。"在区分报纸的表达模式时，最重要的一点是它'对于新闻价值的专业感觉'……这一点受到不同组织性、技术性和商业性因素的限制，也受制于报纸自身如何推断自己的固定读者群（即受众目标）可能持有怎样的观点。"（艾伦 2008：95）作者和读者的关系是新闻话语建构不可忽视的因素。不同报纸的作者（记者/编辑）总是针对不同的目标读者采用一定的话语建构策略，隐性地表现各自的新闻报道立场与形象。

然而，隐含作者的形象和隐含读者的定位对报纸新闻话语的建构策略具有怎样的影响作用呢？对于同一新闻事件的报道，不同报纸，或同一报纸的不同版式，如《人民日报》的国内版、海外版以及英文网络版，在话语建构策略上又受到什么内外动因的制约？下面我们将从对话关系的主体间性特征入手重点讨论新闻话语建构策略中隐含作者和隐含读者的文化规约体现（参见赖彦 2012：32—36）。

一般来说，新闻文本是传播经过编辑筛选后的事实信息，选取的事实得到彰显，易于为受众认知，而互文报道所蕴含的亚事实和亚信息，事实上同样具有带给受众想象和解读空间的无限张力。解读是一个发现意义的过程，而意义发生于读者与文本进行互动与磋商的过程之中。新闻文本解读，指新闻受众解读通过符号化、结构化以新闻报道的形式再现的社会现象。在新闻传播过程中，受众是传播者不可缺少的对象，传播的互动性决定了传受双方都是具有能动性的主体，新闻传播过程是双方积极地参与和交流；受众对新闻的接收事实上是对新闻文本的诠释过程，受众往往会根据自己的经验和认知对新闻文本作出独特的解读。

霍尔指出，"报纸所使用的语言其实是报纸针对主要公众所使用的一种自己的语言，也就是报纸设想其受众所使用的共同修辞、象征和基本的知识储备，它们形成了生产者与读者互惠的基础"（Hall et al. 1978：61）。新闻话语所折射的作者形象和读者定位是与隐含作者和隐含读者主体间性对话修辞策略的回归。由于篇幅所限，下文仅以《人民日报》国内版、海外版和英文网络版就同一新闻事件报道的互文标题话语语料为例加以分析。

图 5.2 《人民日报》国内版

图5.3 《人民日报》海外版

Chinese president hails effective study campaign, vows to

enhance governance

(*People's Daily* Online, April 7, 2010)①

图5.4 《人民日报》英文网络版

上面三例为同一会议新闻事件的报道，《人民日报》国内版、海外版和英文网络版的标题话语却呈现了不同程度的表述策略差

---

① http://english.cpc.people.com.cn/66102/6942272.html.

异。首先，从读者群定位来看，国内版和外海版因其隐含读者略有不同，国内版针对的是中国读者，而海外版针对的是外国华人读者以及懂汉语的外国读者。由于这一读者群的定位差异不大，因而其标题样式相同，即引题、主标题和副题俱全，仅话语语式稍有差异，国内版以粗体醒目的引题吸引读者关注会议名称"全党深入学习实践科学发展观活动总结大会隆重举行"，而海外版以粗体醒目的主标题吸引读者关注会议的主旨"胡锦涛强调不断提高党建科学化水平"。但英文网络版由于针对的读者群全为外国读者，鉴于隐含读者完全相异，其标题样式和话语语式则全然不同，既没引题也没副题，仅有概述会议精神实质的一个主标题。这一策略变化与隐含读者的定位密切相关，正如艾伦所指出的那样，"记者对社会世界存在一个假设，希望自己的读者也能具有和他们相同的认识，因此在这种背景下记者完成了对新闻报道的构建过程。因此，记者对隐含读者或想象中的读者群的认识必然塑造了报道的形式和内容"（艾伦 2008：99—100）。

其次，从作者的形象来看，国内版和海外版除了主标题的话语内容有所不同以外，其引题和副题都相同，突出了会议名称和出席及主持会议的国家党政领导集体。从这一意义上讲，《人民日报》国内版和海外版都表明其话语建构策略体现了宣传党政集体领导作用的隐含作者形象。而英文网络版则完全删除了上述引题和副题的枝节信息，只用一个主标题表述了会议的主题信息，这一话语建构策略可以说又反映了中国注重集体主义而西方则不然的这一隐含作者形象的传统文化价值观念。从权力距离而言，中国属于集体主义（collectivist）偏向，"中国古代社会强调的是国家、帝皇的权威；现代社会强调的是集体主义、集体力量"（蔡基刚 2004：7）。而英美等西方国家则属于个人主义（individualist）偏向（Hofstede & Hofstede 2005：83）。由此可见，这一策略变化在一定程度上受制于文化价值观的影响作用。

最后，从读者的认知特点来看，国内版的主标题话语"胡锦涛发表重要讲话"表述的是比较笼统的会议主题信息，海外版的主标题话语"胡锦涛强调不断提高党建科学化水平"表述的却是较为详尽的会议主旨信息，而英文网络版的主标题话语"Chinese president hails effective study campaign, vows to enhance governance"（中国主席欢庆有效的学习运动，郑重宣告提高执政能力）表述的则是更为高度提炼的会议主旨精髓。Scollon 对标题话语的考察和分析认为，按照西方记者的实践，多数英文新闻标题倾向于抽取新闻事件的要点（Bell 1991：188），被称为演绎修辞方式（deductive rhetorical mode），而中文标题则倾向于铺垫背景，并不提供深入的信息，使用话题的归纳序列（inductive ordering of topics）（Scollon 2000：763）。因而这一策略差异表明新闻话语建构还受到不同隐含读者的阅读习惯和思维方式的文化期待视域的制约。

Reah（2002：36）指出，"虽然某份报纸的特定读者的形象也许并不存在，但是报纸在撰写内容时就假定这类读者存在，而事实上也确有这么一群有着共同信念和价值观的同质群体。"

透过隐含作者和隐含读者的对话关系，新闻话语的真实作者可以与真实读者实现话语文本意义的主体间性对话交流，而且只有将整个交流过程看作一个双向交流的互动过程，才能更好地描绘和说明新闻话语建构的不同策略体现，也才能更为有力地把握新闻话语的分析和理解。巴赫金指出，"对活生生的言语、活生生的表述的任何理解，都带有积极应答的性质（尽管这里积极的程度是千差万别的）；任何理解都孕育着回答，也必定以某种形式产生回答，即听者要成为说者"（Bakhtin 1986：68）。新闻话语的建构离不开对隐含作者和隐含读者的积极理解与对话。隐含作者的文化规约和隐含读者的定位取向是新闻话语建构策略的主体间心灵对话的回归。

四　互文对话的修辞功能

"互文性"这个概念的提出对话语分析具有重要的理论意义，它使我们能够在某一语篇与其他语篇的相互关系中来分析和评价该语篇结构成分的功能以及整个语篇的意义和价值。当今的各种话语修辞批评理论，包括新马克思主义批评、女性主义批评、性别批评、意识形态批评、后结构主义批评和后现代主义批评等，虽然方法与路径不同，但它们的一个共同之处就在于强调语篇与语篇资源或语篇与语篇受众之间存在的相互关系（见 D'Angelo 2010：32）。

（一）互文对话的修辞评价范畴

语言交际在本质上是一个交际双方的互动过程，其中必然涉及许多语言介入资源。这些介入资源为交际者提供手段，以调整或协商命题的内在对话潜势。由于每一个体的话语都是对先前话语的回应，因而言语是多声的（Bakhtin 1986：91）。不管乍一看起来有多么单声，每一话语在某些方式上是对业已陈述的话语的一种回应，因此每一话语都充斥着他人的声音或话语，都充斥着"半隐蔽的或完全隐蔽的他人话语"（Bakhtin 1986：93）。在社会多声中，对话的回声不是喧响在话语的意义顶峰上，而是渗入话语的深层，是语言本身对话化，使语言观照（话语的内部形式）对话化。不同声音的对话直接源于不同语言的社会性对话。事实上，言语交际是言语互动的社会事件，这一互动发生在对他人话语回应的介入所构成的言语中。马丁（J. R. Martin）和怀特（P. R. R. White）（2005）正是在巴赫金的多声与对话的研究基础上发展了评介理论，介入系统是这个理论中评价对话介入的一种语言资源手段。他们把介入解释为"语篇可视为与实际的和潜在的受众磋商意义的方式"（Hood 2004：206），介入的模式是社会的而非个体化的，它作为主体间性立场定位的资源，通过语言将不同的态度介入到对他人、地点、事物、事件的评价上。语篇是一个由社会话语多样性决定的社会场所，其中每一个话语都有自己的独特性。语篇中的每一意义都发生在一定的社会语境中，在那里可能产生多种选择性或相反的意义，而社会意义源自那些选择性意义所进入的融合与分化的关系。根据马丁和怀特（2005）的"评价理论"（Appraisal Theory），"介入"（en-gagement）评价系统体现了语篇中各种人际意义协商的态度以及作者与读者结盟的关系。语篇的对话意义首先可以分为单声的和多声的：当话语没有他人声音或观点指涉时为单声的，当话语引起或允许对话性声音或观点存在时，则为多声的。语篇的多声话语又可进一步分为"对话收缩"（dialogistic contraction）和"对话扩展"（dialogistic expansion）两个介入系统，而且每一系统都有若干个相应的可操作性体现范畴，如图 5.5 所示（参见 Martin & White 2005：134）。

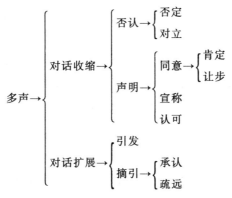

图 5.5　Martin & White（2005）的多声话语

1. 对话收缩

在言语交际中，说话者或作者可通过对话介入资源来调节和协商其话语的辩论性。在评介理论框架下，多声话语的对话收缩是指在话语中选择拒绝或反驳这样的立场介入资源，从而挑战、反击或限制其他声音和立场。这种关闭语篇中多声对话选择空间的介入系统（White 2003：259）包含两个次范畴：否认（disclaim）和声明（proclaim）。"否认"资源的选择导致语篇中声音不一致，表明或拒绝或对立的立场。这一介入通常借助诸如"不""从不""没谁"等否定的语言资源或者"然而""但是"等相反期待的语言资源来体现。例如：

(1) **But it's not old days now**. With the growing power of China, the Chinese government won't take the aggression of Japan.

(*The Washington Post*, September 24, 2010)

(**但事实却今非昔比**。尽管中国的实力日益增强，中国政府不会对日挑衅。)

(《华盛顿邮报》2010 年 9 月 24 日)

(2) **However**, there were also growing calls in Japan for a quick resolution to the standoff, particularly by the business community, which has become increasingly reliant on China for trade and investment.

(*The New York Times*, September 24, 2010)

(**然而**，日本也有尽快化解僵局的呼吁，尤其是来自对于中国贸易和投资日益依赖的日本商界。)

(《纽约时报》2010 年 9 月 24 日)

例（1）中的否定命题 not old days now（今非昔比）是唤起受众对话语理解的互文回忆对话介入资源的体现，勾起读者对过去日本侵略事件的联想，从而比照表达中方今日对日方扣留中国船长事件的态度立场。从对话性的视角来看，我们把这种"否定"看作一种将选择性否定立场引入对话的资源，否定当下对先前肯定状态或性质的存在，但这里的否定并非与肯定对立的简单逻辑，因为它同时带有肯定的对话性回应，而这种回应正是对话的修辞潜势意义所在。

例（2）的 However（然而）则表明 there were also growing calls in Japan for a quick resolution to the standoff（日本国内不断呼吁尽快解决僵局）的群体关注期待，这说明原本的态度命题与当前事态相矛盾，背离了正常的期待。这种反向期待的意义是由对话性介入所引起的，表现为一种对话声音的转向。这种相反期待的方式在语篇中通常还由"甚至""只是""仍然""令人惊奇的是"等词汇和语法结构手段来体现。

对话收缩的另一个范畴"声明",是指明确表明支持一种立场,而对其他可能存在的分歧进行压制,它由"同意""宣称"和"认可"来体现。"同意"的范畴又可分为"肯定"和"让步"两种形式。例如:

(3) "It **certainly** appears that Japan gave in," said Hiroshi Nakanishi, a professor of international relations at Kyoto University.

(*The New York Times*, September 24, 2010)

("这**显然**标志着日本屈服,"京都大学国际关系学的一位教授藤原浩说。)

(《纽约时报》2010 年 9 月 24 日)

(4) The trawler collision in the East China Sea exposed a fierce, underlying controversy over a string of islands that both countries claim-**although** Japan maintains administrative rights.

(*The Washington Post*, September 24, 2010)

(在中国东海的拉网捕鱼渔船相撞引发了关于两国系列岛屿领土权的强烈争议——**尽管**日方坚持认为拥有行政管理权。)

(《华盛顿邮报》2010 年 9 月 24 日)

(5) SEOUL-Japan on Friday **announced** the release of a Chinese fishing boat captain whose arrest 16 days ago sparked a furor between the Asian neighbors, bringing relations to their lowest point in years.

(*The Washington Post*, September 24, 2010)

(首尔—日本周五**宣称**释放中国捕鱼渔船船长,这位船长十六天前的被捕激起了亚洲邻国间的轰动,这导致其与邻国关系近年来的最低点。)

(《华盛顿邮报》2010 年 9 月 24 日)

例（3）中 It certainly appears that Japan gave in（这显然标志着日本屈服），通过 certainly（显然）的对话介入情态资源，显现地定位了与语篇读者具有相同信念和态度的结盟立场，隐含较大的认同程度；例（4）的 although Japan maintains administrative rights（尽管日方坚持认为拥有行政管理权），表达了关于中国东海渔船碰撞所在岛屿的主权领属争议立场分歧的一种让步声音，其中 although（尽管）的语法结构介入资源体现了一种意义磋商的对话协调态度；例（5）中 announced the release of a Chinese fishing boat captain（宣称释放中国捕鱼渔船船长）的 announced（宣称）是对话介入资源的词汇手段，表达了中方要求日方释放中国渔船船长的命题态度的潜在对话立场回应。

2. 对话扩展

多声话语的对话扩展指的是为对话性选择立场或声音留有余地的介入资源，意味着话语中的介入或多或少地引发对话中的其他声音或立场，被视为打开语篇中多声对话选择空间的介入系统（White 2003：259），由"引发"（entertain）和"摘引"（attribute）来体现。"引发"所表达的命题暗示着其他命题的存在并与之形成一定的联系，因而总是代表着许多声音中的一种，常常是作者的声音，通过"也许""可能""我认为""必须""应该"等词语表达作者对情态、义务和责任的不同认同程度。"摘引"则指语篇所表达的命题来自当下语篇之外，是对他人观点的引用。例如：

(6) "**At this point, Japan had only one choice,**" said a Western diplomat in Beijing, who spoke on the usual diplomatic condition of anonymity.

(*The New York Times*, September 24, 2010)

（"**至此，日本唯有一个选择，**"北京的一位匿名西方外交学者说。）

（《纽约时报》2010 年 9 月 24 日）

（7）The decision to release Zhan, whom Japanese authorities could have held until Wednesday without charges, comes one day after China detained four Japanese citizens in Hebei province, **claiming** they videotaped military targets without authorization.

（*The Washington Post*, September 24, 2010）

（日本当局直到周三尚未对詹其雄给予法律指控，对其释放的决定是在中国拘留四名在河北境内的日本公民之后的一日作出的，中方**声称**这四名公民未经授权潜入军事区域进行录像。）

（《华盛顿邮报》2010 年 9 月 24 日）

（8）The setback **appears likely** to raise new concerns about the leadership of the Democrats, who took power in a landslide election victory last year with promises to improve ties within Asia and reduce Japan's dependence on the United States.

（*The New York Times*, September 24, 2010）

（这次退让**似乎**为自民党的领导带来新的烦忧。自民党去年在压倒性的大选胜利时承诺会改进日本与亚洲诸国的关系并降低日本对美国的依赖。）

（《纽约时报》2010 年 9 月 24 日）

"摘引"的对话介入评价资源，为作者提供调整话语可论证性的内在对话潜势，以引语归属的转述方式表达或唤起与当前语篇所论述的不同观点或态度的认同程度。例（6）中 At this point, Japan had only one choice（至此，日本唯有一个选择）的对话声音借助于外部信息来源的摘引资源手段来实现，其转述动词 said 体现不偏不倚的转述态度，但例（7）中的转述话语行为动词 claiming（声称）则不同，暗示其命题归属他人的观点，可能对，也可能不对，转述者不敢苟同，因而成为一种疏远引述方式，把被引述的观点归属于作者不甚赞同的对话态度立场，表明转述者对转述命题内容保持一定距离的认同程度。

例（8）中的 appear（似乎）、likely（可能）是"引发"的对话介入词汇资源手段，表明 The setback appears likely to raise new concerns about the leadership（退让似乎为领导带来新的烦忧）的对话声音，这种"引发"评价资源表达了作者对某种观点立场或责任引发的质疑，往往隐含一种批评或维护的对话立场态度。

（二）互文对话修辞评价的意义潜势

话语是一种社会实践，具有社会性。它从各个方面反映社会现实和价值关系。但语言只是话语的形式，思想意识才是话语的内容。在言语交际中，作者或说话者通过具体的语篇介入资源表达自己对现实世界中各种事件和事物的观点和态度。人们所作出的语言选择和言语行为等在很大程度上与思想意识、社会语境有着很大的关系。在言语实践中，作者或说话者的对话介入观点和态度必然通过语篇中的各种词汇语法手段体现出来。同一种语言的不同报刊，由于作者声音的立场取向趋势不同，表达对话介入的资源手段及其分布也会有异。下面运用评价理论框架中对话介入资源的评价体系来比较分析对话修辞的语篇整体评价的功能意义潜势（见赖彦、辛斌 2012：25—31）。分析的语料为《纽约时报》（*The New York Times*）和《华盛顿邮报》（*The Washington Post*）2010 年 9 月 24 日就日本释放被扣中国渔船船长的同一新闻事件所作的报道，其报道语篇的题名分别为"Japan retreats with release Chinese boat captain"（日本退让释放中国渔船船长）和"Japan to release Chinese boat captain"（日本释放中国渔船船长）。

互文报道的新闻价值形成与运作在于文本张力和新闻框架的内在机制。新闻文本的张力在于它对复杂社会现实的真实记录，在于它的内在品质更能激起受众情感的共鸣，受众会把新闻本身与复杂的社会现实联系起来，产生无穷的联想。

　　首先，从对话修辞的声音评价范畴体系来看，《纽约时报》和《华盛顿邮报》对"日本释放被扣中国渔船船长"的新闻报道都有相当比例的单声和多声话语，见表5.1。

表5.1　　　　　　　　　　　单声和多声对话介入

项目 统计	纽约时报		华盛顿邮报	
	数量	百分比	数量	百分比
单声	50	49.02%	24	38.10%
多声	52	50.98%	39	61.90%
合计	102	100.00%	63	100.00%

　　这一对话修辞的声音评价范畴比较结果表明，两家报纸对同一新闻事件的报道都充满众多交错渗透的对话声音，但从个体差异来看，《纽约时报》的单声和多声对话介入几乎各占一半（分析单位为小句），分别为49.02%和50.98%，而《华盛顿邮报》的差异却较大，即单声介入为38.10%，多声介入为61.90%。从这一点来看，可以说《纽约时报》就日本释放中国船长的新闻报道观点倾向折中，而《华盛顿邮报》的报道观点趋于纷争（表现在多声介入尤为突出）。这一评价结果也可由两家报纸各自一贯的政治立场倾向特点相佐证。《纽约时报》是美国高质量报纸和严肃大报的代表，长期以来拥有良好的公信力和权威性，其报道风格向来古典严肃。有评论界人士认为，它在政治上属于"中间偏左"，而《华盛顿邮报》是一份"热情似火的首都报纸""自由主义色彩也比《纽约时报》更浓烈"。（周学艺 2003：10）

　　当然，大众媒体需要单声和多声融合的选择策略，使读者在协商中接受或在协商中反驳。当需要强调观点和刺激互动时，旗帜鲜明的单声选择就理所当然；当需要多方支持观点的辩论时，策略性地选择多声也就适得其所。如果作者的声音被认为是个人化情感，读者就有可能反驳，但如果被认为是非个人化情感，读者就有可能把它当作事实来接受。

其次，从对话收缩的"否认"介入资源来看，《华盛顿邮报》比《纽约时报》的对话否认声音强烈程度大，前者的介入资源为28.2%，而后者则为23.08%。见表5.2。

表5.2　　　　　　　　　　对话收缩和对话扩展介入

项目	统计		纽约时报		华盛顿邮报	
			数量	百分比	数量	百分比
对话收缩	否认	否定	5	9.62%	8	20.51%
		对立	7	13.46%	3	7.69%
	声明	肯定	1	1.92%	0	0%
		让步	0	0%	2	5.13%
		宣称	4	7.69%	3	7.69%
		认可	0	0.00%	2	5.13%
	小计		17	32.69%	18	46.15%
对话扩展	引发		19	36.54%	8	20.51%
	摘引	承认	15	28.85%	7	17.95%
		疏远	1	1.92%	6	15.39%
	小计		35	67.31%	21	53.85%
合计			52	100.00%	39	100.00%

明确的否认意味着较大程度地关闭对话的空间，使命题变得更加无可辩驳，从而提高挑战观点时需付出的人际代价，积极地阻挡或压制不同或相反观点的立场。反过来，它又体现批评某一观点或行为的力度，在一定程度上可以拉近与读者的情感距离，达到赢得现实读者支持作者观点的一致效果。

再从"声明"介入资源来看，《华盛顿邮报》也比《纽约时报》报道观点的声明程度大得多，前者的介入资源为17.95%，而后者仅有9.61%。由此可见，《华盛顿邮报》对日本释放中国船长的报道显得立场激进，而《纽约时报》则表现得温和稳重。

最后，从对话扩展介入资源来看，《纽约时报》的"引发"介入资源36.54%是所有对话介入资源中使用频率最高的。这一评价结果以及资源特点说明，《纽约时报》的对话声音建立在与其他尚需求证的命题相联系的基础之上，避免过于绝对的观点。同时，从"摘引"的介入资源来看，"承认"的介入资源占 28.85%，而"疏远"的介入资源仅为 1.92%，这又说明《纽约时报》的对话认同程度较大，在表达对立分歧的立场上尊重他者的认同态度，缓和对话语气，增强主体间性的认识立场，从而发挥与语篇读者联盟的人际潜势，以促进对话的互动。

然而，通过评价比较分析，我们发现《华盛顿邮报》的"引发"和"承认"的介入程度都比《纽约时报》要低得多，但"疏远"的介入程度却高出 13.47 个百分点。这说明《华盛顿邮报》报道的整体观点认同程度低，挑战他人命题的对话潜势大。

总之，对话介入资源是作者的立场观点和态度倾向的语篇表现手段，在一定程度上影响读者的理解和接受意向。对这些资源的整体评价分析，有助于透视其在语篇中所发挥的修辞功能效果和意义潜势作用。

巴赫金指出，"人们在社会生活里传播着、回忆着、掂量着、讨论着他人的话、他人的意见、论断、消息，人们由此而愤怒，或是表示同意，或是争论反驳，或是引以为据，如此等等，不一而足"（Bakhtin 1981：338）。

新闻语篇的产生和传播功能的理解存在于修辞张力的语境之中，这些语境不仅充满观点一致的语篇声音，而且也可能充满互相矛盾的对话声音。这一对话的语篇环境，不仅影响语篇的论点而且还影响读者接受的方式。

新闻语篇具有两个最根本的功能：一是信息传递功能，传达我们的生活世界新近发生的时事信息；二是舆论导向功能，通过断言性言语行为建构受众的意识策略，倾向性地影响读者接受新闻报道的判断命题。但这两者不是截然分开的，即使在报纸的信息功能之内，也总有对特定受众信息传播的意识形态含义，而新闻语篇的互文对话在本质上就承载着这样的修辞功能，即舆论形式与信息传播之间的动态互动。也就是说，记者或编辑利用词汇语法结构和情态资源在信息传递的话语建构中抑或打开语篇的引发、疏远和对立等互文空间，抑或关闭语篇的声明、认可和让步等对话声音，而且这些对话声音在某一语篇中体现得强烈一些，在另一语篇中则表现得微弱一些。因而，对互文修辞功能的对话资源的评价分析，可以发现语篇隐性表达的一个整体信息舆论倾向。

从对话性发展而来的互文性，为文本意义的生成和理解提供了一个关系视角。它使我们可以把文本意义放在两个层面进行思考：联系的（文本之间的交流）和转换的（在这种交流关系中的文本之间的相互转化）。互文意味着无论在表达还是理解时，都不应局限于当前文本，而应跳出当前对象的语义规定，关注文本之间是如何由此及彼、由彼及此、彼此渗透、相互牵连而达到相互支撑、相互诠释的。

新闻话语互文多声对话表现出一个"历史载入文本和文本载入历史的过程"（Kristeva 1986：39）。特定文本吸收利用作为历史产物的其他文本，对这些源于历史的文本进行回应、重申和再加工，并由此衍生意义、引起变革和创造历史。文本与文本的对话不仅是语言形式的对话，而且是社会的、历史的、认知的、文化的对话。在这种对话性中所观察到的是话语与社会之间相互影响和相互促进的、动态的、辩证的关系。通过新闻话语互文多声对话的分析，我们可以清楚地看出那种含而不露的意识形态意义及其社会结构和权力的关系：新闻语言不仅仅是一种纯粹的信息传递中介工具，有时还隐含地介入社会政治、经济和生活的某种实践干预。新闻话语互文多声对话的文本解读是我们考察特定社会的话语实践和话语秩序并最终了解其社会历史发展的重要方法和途径，它揭示了媒介话语的信息价值与立场观点对话介入和意义磋商的运作机制。

余　论

在以往的口头语体和书面语体转述话语研究领域（Janssen & Wurff 1996；Brüngel-Dittrich 2005；Marnette 2005；Holt & Clift 2007；Vandelanotte 2009），对不同语言和不同体裁转述话语的形式和功能特点及其分布特征的比较分析是国外学者研究的主要视角和成果。国内学者对转述话语的功能研究主要从言语行为和意向性的新视角进行阐释（刘大为 2004；胡范铸 2006；吴松初 2010；徐盛桓 2013），本书的研究则从英汉跨语言比较分析的视角，以实证调查为手段，详细描述英汉不同语言新闻报道转述话语的结构形式差异及其社会语用策略，以新闻报道不同语域的语料为对象，全面考察转述话语的使用分布特点和语境制约关系，以介入评价为框架，深入揭示转述话语的互文对话修辞潜势功能，以时体变异为切入点，系统阐释转述话语的价值表征和社会认知机制。

研究的主要创新体现在对新闻转述话语从信息来源、转述动词、转述引语等本体内在结构的形式特征分析到言据性、互文性和对话性等社会外部因素的语用功能关系阐释，以及分析范畴分类的理论建构。在方法论上，秉承实证主义的科学态度，吸纳功能主义的分析理路，摆脱传统的结构主义研究范式，把转述话语的形式分析和功能评价紧密结合起来，并将其置于话语社会实践的动态语境中加以考察、描写和阐释。尤其是，对英语新闻报道转述话语时体序列变异现象的探索已成为研究成果的一个突破和亮点。但是，本书的研究也存在一些不足和缺陷。

一　研究的不足

本书的研究主要基于英文报纸《纽约时报》《每日快报》和《人民日报》《都市快报》2011 年的语料，这反映出两个方面的不足：一方面，从研究方法上来说，这属于一种共时层面的考察分析和调查研究，对于英汉新闻转述话语的使用规律和分布特点，研究结果反映的仅限于当前社会发展阶段的共时性面貌特征，因而缺乏对其在社会发展历史阶段的历时性考察。假如能有历时研究成果的比较，那么整个研究成果将更为完善。

另一方面，从语料的数量和样本来看，包括 420 多篇文章的语料库，或许数量还不够大，而且大报和小报各选取两种报纸，代表性样本也许也还不够。因此，调查结果可能还未能完全反映英汉两种语言对于转述话语使用的普遍规律，有些结果可能反映的仅是个体性差异。如果能选取更多不同报纸的语料作为调查对象，那么研究结果得出结论的依据将更为全面，能更加有效地验证研究结果反映的共性特征与个性差异。

二　研究的展望

转述话语的使用受到言语主体身份、地位、时空环境以及社会意识形态等多种复杂因素的影响，要全面系统地揭示转述话语的使用规律及其功能作用，除了共时研究以外，还可以从社会发展历史的角度进行历时层面的考察，揭示转述话语使用中的社会历史变化差异及其语言表达的语法化演变规律。

从比较体裁而言，可以借助国内外可资利用的大型语料库考察和比较新闻体裁的广播电视新闻口语语体和报纸新闻书面语体之间的转述话语使用频率及其结构功能差异，可以考察和比较影视作品人物转述话语的形式特点与语用功能，可以比较转述话语图文景观以及其他模态之间的多模态互文语境构建和功能渗透机制，甚至还可以考察和比较音乐、广告、电影等不同体裁之内和之间转述话语的符号化特征和解读认知机制，从而丰富转述话语的研究成果和转化转述话语的应用艺术。

参考文献

一　英文文献

Abusch, D. "Sequence of tense and temporal de re", *Linguistics and Philosophy*, 1997.

Aikhenvald, A. Y. & Dixon, R. M. W. (eds.). *Studies in Evidentiality*, Amsterdam/Philadelphia: John Benjamins Publishing Company, 2003.

Aikhenvald, A. Y. *Evidentiality*. Oxford: Oxford University Press, 2004.

Antaki, C. & Leudar, I. "Recruiting the record: using opponents' exact words in parliamentary argumentation", *Text-Interdisciplinary Journal for the Study of Discourse*, 2001.

Bakhtin, M. M. *The Dialogic Imagination*, M. Holquist (ed.), C. Emerson and M. Holquist (trans.), Austin: University of Texas Press, 1981.

Bakhtin, M. M. *"Speech Genres and Other Late Essays"*, in C. Emerson & M. Holquist (eds.), V. W. McGee (trans.), Austin: University of Texas Press, 1986.

Bakhtin, M. M. *Problems of Dostoevsky's Poetics*, C. Emerson (ed. and trans.), Minneapolis: University of Minnesota Press, 1984.

Barthes, R. *S/Z*, Paris: Seuil, 1970.

Becker-Leckrone, M. *Julia Kristeva and Literary Theory*, New York: Palgrave Macmillan, 2005.

Bednarek, M. "Epistemological positioning and evidentiality in English news discourse: A text-driven approach", *Text & Talk*, 2006 (6).

Bell, A., *The Language of News Media*, Oxford: OUP, 1991.

Benbaji, Y. "Who needs semantics of quotation marks?", in P. D. Brabanter (ed.), *Hybrid Quotations*, Amsterdam: John Benjamins Publishing Company, 2005.

Bohm, D. *On Dialogue*, London: Routledg, 1996.

Booth, W. C. *The Rhetoric of Fiction* (2nd Ed.), Chicago & London: The University of Chicago Press, 1983.

Brendel, E. Meibauer, J. & Steinbach, M. "Exploring the meaning of quotation", in E. Brendel, J. Meibauer & M. Steinbach (eds.), *Understanding Quotation*, Berlin/New York: De Gruyter Mouton, 2011.

Brooks, B. S. et al. *News Reporting and Writing* (5th Ed.), New York: St. Martin's Press, 1996.

Brüngel-Dittrich, M. *Speech Presentation in the British and German Press*, Berlin: Peter Lang, 2005.

Buber, M. *I and Thou*, R. G. Smith (trans.), New York: Charles Scribner's Sons, 1958.

Buchstaller, I. *Quotatives: New Trends and Sociolinguistic Implications*, Chichester: Wiley Blackwell, 2014.

Buttny, R. & Cohen, J. R. "Drawing on the words of others at public hearings: zoning, Wal-Mart, and the threat to the aquifer", *Language in Society*, 2007.

Bybee, J. L. *Morphology: A Study of the Relationship between Meaning and*

Form, Amsterdam: John Benjamins, 1985.

Caldas-Coulthard, C. R. "On reporting reporting: the representation of speech in factual and factional narratives", in M. Coulthard (ed.), *Advances in Written Text Analysis*, London and New York: Routledge, 1994.

Cappelen, H. & Lepore, E. "Varieties of quotation revisited", in P. D. Brabanter (ed.), *Hybrid Quotations*, Amsterdam: John Benjamins Publishing Company, 2005.

Carter, R. et al. *Exploring Grammar in Context*, Cambridge: Cambridge University Press, 2000.

Chafe, W. L. & Nichols, L. (eds.). *Evidentiality: The Linguistic Coding of Epistemology*, Norwood: Ablex, 1986.

Chatman, S. *Story and Discourse: Narrative Structure in Fiction and Film*, Ithaca: Cornell University Press, 1978.

Clark, C. "Evidence of evidentiality in the quality press 1933 and 2005", *Corpora*, 2010 (2).

Clark, H. & Gerring, R. J. "Quotations as Demonstrations". *Language*, 1990 (4).

Comrie, B. *Tense*, Cambridge: Cambridge University Press, 1985.

Comrie, B. "Tense in indirect speech", *Folia Linguistica*, 1986.

Conboy, M. *The Language of Newspapers: Socio-Historical Perspective*, London: Continuum International Publishing Group, 2010.

Coulmas, F. "Direct and Indirect speech: General problems and problems in Japanese", *Journal of Pragmatics*, 1985.

D'Angelo, F. J. "The Rhetoric of Intertextuality", *Rhetoric Review*, 2010 (1).

Davidse, K. & Vandelanotte, L., "Tense use in direct and indirect speech in English", *Journal of Pragmatics*, 2011.

Declerck, R. "Sequence of tenses in English", *Folia Linguistica*, 1990.

Declerck, R. *The Grammar of the English Tense System: A Comprehensive Analysis*, Mouton de Gruyter, Berlin/New York, 2006.

de Haan, F. "Irrealis: fact or fiction?", *Language Sciences*, 2012 (2).

Dendale, P. & Tasmowski, L. "Introduction: Evidentiality and related notions", *Journal of Pragmatics*, 2001 (3).

Derrida, J. Writing and Difference, London & New York: Routledge, 1978.

Dimitrova, D. V. & Stromback, J., "Look Who's Talking: Use of sources in newspaper coverage in Sweden and the United States", *Journalism Practice*, 2009 (1).

Ehrlich, S. Point of View: A Linguistic Analysis of Literary Style. London: Routledge, 1990.

Elsness, J. "The present perfect and the preterite", in G. Rohdenburg and J. Schlüter (eds.), *One language, two grammars? Differences between British and American English*, Cambridge: Cambridge University Press, 2009.

Fairclough, N. *Discourse and Social Change*, Cambridge: Polity Press, 1992.

Fairclough, N. *Analyzing Discourse: Textual Analysis for Social Research*, London/New York: Routledge, 2003.

Fetzer, A. & Oishi, E. "Evidentiality in discourse", *Intercultural Pragmatics*, 2014 (3).

Fishman, M. *Manufacturing the News*, Austin and London: University of Texas Press, 1980.

Floyd, A. "The Reporting Verbs and Bias in the Press", *Revista Alicantina de Estudios Ingleses*, 2000.

Fludernik, M. "Linguistic signals and interpretative strategies: linguistic models in performance, with special reference to free indirect discourse", *Language and Literature*, 1996 (2) .

Fowler, R. *Literature as Social Discourse*, London: Bastford Academic, 1981.

Fowler, R. *Language in the News: Discourse and Ideology in the Press*, London: Routledge, 1991.

Gasparov, B. *Speech, Memory, and Meaning: Intertextuality in Everyday Language*, Berlin/New York: De Gruyter Mouton, 2010.

Gee, J. P. An Introduction to Discourse Analysis: Theory and Method (2nd Ed.), London and New York: Routledge, 2005.

Geis, M. L. *The Language of Politics*, New York: Springer-Verlag New York Inc. , 1987.

Gordon, H. *The Heidegger-Buber Controversy: The Status of I-Thou*, London: Greenwood Press, 2001.

Gutzmann, D. & Stei, E. "How quotation marks what people do with words", *Journal of Pragmatics*, 2011.

Hall et al. *Policing the Crisis: Mugging, the State, and Law and Order*, London: Macmillan, 1978.

Halliday, M. A. K. & Hasan, R. *Language, Context and Text: Aspects of Language in a social-semiotic perspective*, Victoria: Deakin University Press, 1989.

Halliday, M. A. K. *An Introduction to Functional Grammar* (3rd Ed.), Beijing: Foreign Language Teaching and Research Press & London: Hodder Arnold, 2008.

Hatin, B. *Communication across Cultures*, Exeter: University of Exeter Press, 1997.

Harris, Z. "Discourse analysis", *Language*, 1952.

Harry, J. C. "Journalistic quotation: reported speech in newspapers from a semiotic-linguistic perspective", *Journalism*, 2013.

Hinkel, E. *New Perspectives on Grammar Teaching in Second Language Classrooms*, New York: Oxford University Press, 2004.

Hofstede, G. & Hofstede, G. J. *Cultures and Organizations: Software of the Mind* (2nd Ed.), New York: McGraw Hill, 2005.

Holt, E. & Clift, R. (eds.). *Reporting Talk: Reported Speech in Interaction*, Cambridge: Cambridge University Press, 2007.

Hood, S. *Appraising Research: Taking a Stance in Academic Writing*, Unpublished Doctor Dissertation. University of Technology, Sydney, 2004.

Hopper, P. J. & Thompson, S. A. "Transitivity in grammar and discourse", *Language*, 1980.

Hsieh, C. L. "Evidentiality in Chinese newspaper reports: subjectivity/objectivity as a factor", *Discourse Studies*, 2008.

Hyland, K. "Academic attribution: Citation and the construction of disciplinary knowledge", *Applied Linguistics*, 1999.

Itule, B. D. & Anderson, D. A. *News Writing and Reporting for Today's Media* (6th Ed.), New York: McGraw-Hill College, 2003.

Jakobson, R. "Shifters, verbal categories and the Russian verb", in *Selected Writings II*, The Hague: Mouton, 1957.

Jakobson, R. "The fundamental and specific characteristics of human language", in *Selected Writings VII*, Berlin: Mouton de Gruyter, 1985.

Janssen, H. A. J. M. & Wurff, W. V. (eds.). *Reported Speech: Form and Function of the Verb*, Amsterdam/Philadelphia: John Benjamins Publishing Company, 1996.

Jespersen, O. *The Philosophy of Grammar*, London: George Allen & Unwin Ltd, 1924.

Kristeva, J. *Revolution in Poetic Language*, M. Waller. Intro. L. S. (trans.), Roudiez. New York: Columbia UP, 1984.

Kristeva, J. "Word, Dialogue, and Novel", in T. Moi (ed.) *The Kristeva Reader*, New York: Columbia UP, 1986.

Kristeva, J. "The bounded text", in L. S. Roudiez (ed.), *Desire in Language: A Semiotic Approach to Literature and Art* , New York: Columbia UP, 1980.

Kuo, S. H. "Language as ideology-analysing quotations in Twaiwanese news discourse", *Journal of Asian Pacific Communication*, 2007 (2).

Le, E. "Information sources as a persuasive strategy in editorials: Le Monde and the New York Times", *Written Communication*, 2003 (4).

Leech, G. N. & Short, M. H. *Style in Fiction: A Linguistic Introduction to English Fictional Prose*, Beijing: Foreign Language Teaching and Research Press, 2001.

Lesic-Thomas, A. "Behind Bakhtin: Russian formalism and Kristeva's intertextuality", *Paragraph*, 2005 (1) .

Littlejohn, S. W. & Foss. K. A. *Encyclopedia of Communication Theory*, Los Angeles/London: SAGE Reference Publication, 2009.

Marnette, S. *Speech and Thought Presentation in French: Concepts and Strategies*, Amsterdam/Philadelphia: John Benjamins Publishing Company, 2005.

Martin, J. R. & White, P. R. R. *The Language of Evaluation: Appraisal in English*, New York: Palgrave Macmillan, 2005.

Martin, J. R. & Rose. D. *Working with Discourse: Meaning Beyond the Clause*, London: Continuum, 2003.

Matlock, T. "Metaphor and the grammaticalization of evidentials", in

Preceedings of the 15th *Annual Meeting of the Berkeley Linguistic Society*, 1989.

Mills, S. Discourse, London & New York: Routledge, 1997.

Mithun, M. "Evidential diachrony in Northern Iroquoian", in W. Chafe & J. Nichols (eds.), *Evidentiality: The Linguistic Coding of Epistemology*, Norwood: Ablex, 1986.

Mushin, I. *Evidentiality and Epistemological Stance: Narrative Retelling*, Amsterdam/Philadelphia: John Benjamins Publishing Company, 2001.

Nakayasu, M. "Tense and the speaker's attitude in English", *Language, Information and Computation*, 1998.

Neff, J. et al. "Contrasting learner corpora: the use of modal and reporting verbs in the expression of writer stance", in Granger, S. & Petch-Tyson, S. (eds.) *Extending the Scope of Corpus-Based Research: New Applications, New Challenges*, Amsterdam-New York: Rodopi, 2003.

Norde, M. *Degrammaticalization*, Oxford: Oxford University Press, 2009.

Nuts, J. *Epistemi Modality, Language, and Conceptualization*, Amsterdam/Philadelphia: John Benjamins Publishing Company, 2001.

Obiedat, N. "The pragma-ideological implications of using reported speech: The case of reporting on the Al-Aqsa Intifada", *Pragmatics*, 2006 (2 - 3).

Ogihara, T. "Double-Access Sentences and references to states", *Natural Language Semantics*, 1995.

Oltean, S. "A survey of the pragmatic and referential functions of free indirect discourse", *Poetics Today*, 1993 (4).

Page, N. *Speech in the English Novel*, London: Longman, 1973.

Palmer, F. *Mood and Modality*, Cambridge: Cambridge University Press,

1986.

Paltridge, B. *Discourse Analysis: An Introduction*, London: Continuum, 2006.

Phelan, J. *Living to Tell about it*, Ithaca: Cornell University Press, 2005.

Quirk, R. et al. *A Comprehensive Grammar of the English Language*, London: Longman, 1985.

Reah, D. *The Language of Newspapers* (2nd Ed.), London: Routledge, 2002.

Richards, C. J. et al. *Longman Dictionary of Language Teaching & Applied Linguistics*, Beijing: Foreign Language Teaching and Research Press, 2000.

Roeh, I. *The Rhetoric of News in the Israel Radio: Some Implications of Style for Newstelling*, Bohum: Studienverlag Brockmeyer, 1982.

Saka, P. "Quotational constructions", in P. D. Brabanter (ed.), *Hybrid Quotations*, Amsterdam: John Benjamins Publishing Company, 2005.

Salkie, R. & Reed, S. "Time reference in reported speech", *English Language and Linguistics*, 1997.

Sargin, M. "Reflection of subjectivity and objectivity in Turkish newspaper reportage", *Turkish Studies*, 2014.

Schwenter, S. A. " 'Hot news' and the grammaticalization of perfects", *Linguistics*, 1994 (6) .

Scollon, R. "Generic variability in news stories in Chinese and English: a contrastive discourse study of five days'newspapers", *Journal of Pragmatics*, 2000.

Semino, E. & Short, M. *Corpus Stylistics: Speech, writing and thought presentation in a corpus of English writing*, London and New York: Routledge, 2004.

Sheehy, M. "Foreign news stories more likely to include unnamed sources", *Newspaper Research Journal*, 2008 (3).

Sinclair, J. et al. *Collins (COBULD) English Dictionary*, 2000.

Smirnova, A. "Argumentative use of reported speech in British newspaper discourse", *Text & Talk*, 2012 (2).

Smith, C. S. *Modes of Discourse: The Local Structure of Texts*, Cambridge: Cambridge University Press, 2003.

Smith, C. S. "Tense and temporal interpretation", *Lingua*, 2007.

Sperber, D. & Wilson, D. *Relevance: Communication and Cognition*, Beijing: Foreign Language Teaching and Research Press, 2001.

Stenvall, M. "Unnamed sources as rhetorical constructs in news agency reports", *Journalism Studies*, 2008 (2).

Tannen, D. Talking Voices: Repetition, Dialogue, and Imagery in Conversational Discourse (2nd Ed.), Cambridge University Press, 2007.

Thompson, G. & Ye, Y. "Evaluation in the reporting verbs used in academic papers", *Applied Linguistics*, 1991.

Thompson, G. *Reporting: Collins Cobuild English Guides* 5, London: Harper-Collins, 1994.

Vandelanotte, L. *Speech and Thought Representation in English: A Cognitive-Functional Approach*, Berlin: Mouton de Gruyter, 2009.

van der Auwera, J. & Plungian, V. "Modality's semantic map", *Linguistic Typology*, 1998.

van Dijk, T. A. *News as Discourse*, Hove and London: Lawrence Erlbaum Associates, Publishers, 1988.

Volosinov, V. N. *Marxism and the Philosophy of Language*, L. Matejka & I. R. Titunik (trans.), New York and London: Seminar Press, 1973.

White, P. R. R. "Beyond modality and hedging: A dialogic view of the language of intersubjective stance", Text, 2003（2）.

Willett, T. "A crosslinguistic survey of the grammaticaliztion of evidenti-ality", *Studies in Language*, 1988.

Waugh, L. R. "Reported speech in journalistic discourse：The relation of function and text", *Text*, 1995（1）.

Yao, B. *Mental Simulations in Comprehension of Direct versus Indirect Speech Quotations*, Unpublished PhD dissertation, University of Glas-gow, 2011.

二　中文文献

［苏联］巴赫金：《巴赫金全集》（第二卷），李辉凡等译，河北教育出版社 1998 年版。

白解红、石毓智：《将来时标记向认识情态功能的衍生》，《外国语言文学》2008 年第 2 期。

蔡基刚：《英汉写作修辞对比》，复旦大学出版社 2004 年版。

晁阳：《浅谈新闻的时效性》，《新闻知识》2001 年第 3 期。

董秀芳：《实际语篇中直接引语与间接引语的混用现象》，《语言科学》2008 年第 4 期。

房红梅：《言据性研究评述》，《现代外语》2006 年第 2 期。

贾中恒：《转述语及其语用功能初探》，《外国语》2000 年第 2 期。

［美］盖伊·塔奇曼：《做新闻》，麻争旗等译，华夏出版社 2006 年版。

何伟：《关于时态一致现象假设的对比研究》，《外语学刊》2007 年第 3 期。

［美］赫伯特·甘斯：《什么在决定新闻》，石琳等译，北京大学出版社 2009 年版。

胡范铸：《试论新闻言语行为的构成性规则》，《修辞学习》2006 年第 1 期。

胡壮麟：《语言的言据性》，《外语教学与研究》1994 年第 1 期。

胡壮麟：《可证性、新闻报道和辩论语体》，《外语研究》1994 年第
　　2 期。

黄友：《转述话语研究》，复旦大学博士学位论文，2009 年。

[美] 杰克·卡彭：《美联社新闻写作指南》，刘其中译，新华出版
　　社 1988 年版。

赖彦：《新闻话语的复调与对话研究》，中国广播电视出版社 2011
　　年版。

赖彦：《新闻语篇间接转述言语的时体变异》，《外语与外语教学》
　　2015 年第 1 期。

赖彦、辛斌：《英语新闻语篇互文修辞功能分析——从评价理论的视
　　角》，《当代修辞学》2012 年第 1 期。

赖彦：《新闻报道语篇的时态序列变异及认知阐释》，《浙江传媒学院
　　学报》2014 年第 6 期。

赖彦：《隐含作者与隐含读者：新闻话语建构策略的文化规约》，《浙
　　江传媒学院学报》2012 年第 6 期。

黎信：《英语对外新闻报道指南》，外文出版社 2009 年版。

[美] 廉·E. 布隆代尔：《〈华尔街日报〉是如何讲故事的》，徐杨
　　译，华夏出版社 2006 年版。

李基安：《将来和将来时》，《外国语》2000 年第 4 期。

李希光：《新闻报道中如何用好直接引语》，《新闻与写作》2012 年
　　第 4 期。

李岩：《话语转向：媒介研究的新视角》，《中国传媒报告》2010 年
　　第 1 期。

刘大为：《言语行为与言说动词句》，《汉语学习》1991 年第 6 期。

刘大为：《意向动词、言说动词与篇章的视域》，《修辞学习》2004
　　年第 6 期。

刘其中：《新闻翻译教程》，中国人民大学出版社 2004 年版。

[美] 迈克尔·舒德森：《新闻社会学》，徐桂权译，华夏出版社

2010 年版。

[美] 梅尔文·门彻：《新闻报道与写作》（第 9 版），展江译，华夏
  出版社 2003 年版。

闵惠泉：《对话意义的诠释》，《现代传播》2004 年第 2 期。

牛保义：《国外实据性理论研究》，《当代语言学》2005 年第 1 期。

彭朝丞：《引语，新闻来源的灵魂》，《新闻传播》2002 年第 1 期。

彭建武：《语言转述现象的认知语用分析》，《外语教学与研究》2001
  年第 5 期。

[英] 乔纳森·波特、玛格丽特·韦斯雷尔：《话语和社会心理学》，
  肖文明等译，中国人民大学出版社 2006 年版。

任绍曾：《英语时态的语篇功能》，《外国语》1995 年第 3 期。

申丹：《也谈中国小说叙述中转述语的独特性》，《北京大学学报》
  1991 年第 4 期。

申丹：《再论隐含作者》，《江西社会科学》2009 年第 2 期。

[英] 斯图亚特·艾伦：《新闻文化》，方洁等译，北京大学出版社
  2008 年版。

田海龙：《批评话语分析：阐释、思考、应用》，南开大学出版社
  2014 年版。

王国凤、庞继贤：《语篇的社会认知研究框架——以新闻语篇的言据
  性分析为例》，《外语与外语教学》2013 年第 1 期。

吴松初：《意向性的语言转述》，《现代外语》2010 年第 4 期。

夏忠宪：《巴赫金狂欢化诗学研究》，北京师范大学出版社 2000 年版。

[美] 谢里尔·吉布斯、汤姆·瓦霍沃：《新闻采写教程》，姚清江
  译，新华出版社 2004 年版。

辛斌：《转述言语与新闻语篇的对话性》，《外国语》2007 年第 4 期。

辛斌：《引语研究：理论与问题》，《外语与外语教学》2009 年第 1 期。

辛斌：《引语研究的语用修辞视角》，《外语学刊》2010 年第 4 期。

徐赳赳：《叙述文中直接引语分析》，《语言教学与研究》1996 年第

1 期。

徐盛桓：《意向性的认识论意义——从语言运用的视角看》，《外语教学与研究》2013 年第 2 期。

严辰松：《语言如何表达"言之有据"》，《解放军外国语学院学报》2000 年第 1 期。

［美］约翰·R. 塞尔：《意向性：论心灵哲学》，刘叶涛译，上海人民出版社 2007 年版。

张宸：《当代西方新闻报道规范：采编标准及案例精解》，复旦大学出版社 2008 年版。

赵毅衡：《当说者被说的时候——比较叙述学导论》，中国人民大学出版社 1998 年版。

周学艺：《英美报刊导读》，北京大学出版社 2003 年版。

朱永生：《试论现代汉语的言据性》，《现代外语》2006 年第 4 期。

附　录

一　英文报纸语料

报纸	类别	时间	新闻报道标题
纽约时报	政治新闻	2011.7.5	On Main Street, Cheers for Bachmann
		2011.7.6	Court Rules Against Ban on Gays in the Military
		2011.7.6	A. T. F. Official Defends Role in Criticized Gun Operation
		2011.7.7	Democrats Oppose Talk of Cuts to Social Security
		2011.7.7	Industry Set for Fight to Keep Corporate Jet Tax Breaks
		2011.7.8	Jobs Report Reinforces Parties in Deficit Talks
		2011.7.10	Envoy Meets With Leader of Yemen on Accord
		2011.7.11	New Reporting Rules on Multiple Sales of Guns Near Border
		2011.7.11	Obama Administration Rolls Out Standards for Health Insurance Marketplaces
		2011.7.14	Pawlenty Raises $ 4. 5 Million for Race
		2011.7.17	Day After Fed Uproar, Perry Tones It Down
		2011.7.18	Lawmaker Requests End to Ethics Panel Investigation
		2011.7.19	Bachmann Says Migraines Won't Be a Problem if She's Elected President
		2011.7.19	Obama to Back Repeal of Law Restricting Marriage
		2011.7.22	Obama Ends 'Don't Ask, Don't Tell' Policy
		2011.7.22	Huntsman's Manager Quits Campaign Post
		2011.7.23	Doubts Grow in Egypt About Trial for Mubarak

报纸	类别	时间	新闻报道标题
纽约时报	政治新闻	2011. 7. 24	As Familiar Face Contemplates Senate Run, Democrats Weigh Possibilities
		2011. 7. 25	U. S. Imposes Sanctions on 4 International Criminal Groups
		2011. 7. 25	Two G. O. P. Hopefuls Divide the Voters in Deep-Pocketed Utah
		2011. 8. 15	Obama Tries to Reclaim Momentum With Midwest Bus Tour
		2011. 8. 15	Howard G. Paster, Clinton Aide Who Helped Pass Nafta, Dies at 66
		2011. 8. 15	Obama Presses His Case in Crucial Iowa, but Perry Is Close on His Heels
		2011. 8. 18	Vacation May Provide a Break from Washington's Woes
		2011. 8. 19	Twang and Job Title Might Be the Same, but Perry and Bush Keep Their Distance
		2011. 8. 19	For President at Play, Family Outings, Golf and Lots of Advisers
		2011. 8. 22	News From Libya Pushes G. O. P. Candidates to Respond
		2011. 8. 25	For Some in G. O. P., a Tax Cut Not Worth Embracing
		2011. 8. 25	Meant to Ease Fears of Deportation Program, Federal Hearings Draw Anger
		2011. 8. 25	Free-Trade Agreements Stuck in Obama-Republican Impasse
纽约时报	商业新闻	2011. 7. 11	In Europe, an Outline of Options
		2011. 7. 12	Worries Over Italy's Debt Drag Down Markets
		2011. 7. 18	Chinese Upset Over Counterfeit Furniture
		2011. 7. 19	Housing Starts Lifted by Apartments in June
		2011. 7. 19	Strong Sales Help Extend Apple Streak
		2011. 7. 19	Scandal Stirs U. S. Debate on Big Media
		2011. 7. 19	16 Arrested as F. B. I. Hits the Hacking Group Anonymous
		2011. 7. 22	Verizon's Bet on iPhones Brings a Slow Return
		2011. 7. 22	As Recovery Moves Ahead, G. E. Tops Expectations
		2011. 7. 23	Collaborate and Compete
		2011. 7. 28	Judge's Ruling in Madoff Case Could Reduce Money for Victims
		2011. 7. 28	In Deal With NBC, Amazon Seeks to Widen Its Video Streaming Service
		2011. 7. 28	Dow Retreats for Fifth Straight Day
		2011. 7. 29	Obama Reveals Details of Gas Mileage Rules

报纸	类别	时间	新闻报道标题
纽约时报	商业新闻	2011. 7. 29	Chevron Helped by Oil Prices and Better Refinery Margins
		2011. 7. 29	Japan Proposes Aggressive Recovery Plan
		2011. 7. 29	Ruling Upholds Gene Patent in Cancer Test
		2011. 7. 30	Some Bankers Never Learn
		2011. 7. 30	What's With All the Bernanke Bashing?
		2011. 8. 22	The Happiest States of America: North Dakota on the Rise
		2011. 8. 22	Rethinking Libya and Oil Prices
		2011. 8. 23	Hertz to Begin Renting Electric Cars in China
		2011. 8. 23	New Camry, Spruced Up but Still Free of Flash
		2011. 8. 23	Moody's Cuts Japan's Rating One Notch, Citing Its Giant Debt
		2011. 8. 24	Local and National Stimulus
		2011. 8. 24	Business Confidence Slips in Germany
		2011. 8. 25	Samsung to Be Banned From Selling iPad Rival in Germany
		2011. 8. 25	U. K. Police Charge Student in Anonymous Hacking Case
		2011. 8. 25	A Big Purchase for Bloomberg
纽约时报	体育新闻	2011. 7. 8	Court Rules Lockout by N. F. L. Can Go On
		2011. 7. 11	At the British Open, Everyone's a Favorite
		2011. 7. 11	A Songwriter's Legacy: Baseball Ditties, From Mickey to the Mets
		2011. 7. 18	Yankees Rally Against a Weary Rays Bullpen
		2011. 7. 19	Reyes and Beltran Return to Lineup, Lifting Mets'Spirits and Fortunes
		2011. 7. 19	Venturing Outside Family, Devils Select a New Coach
		2011. 7. 22	As Other Tracks Close, Saratoga Sweats Through Heat
		2011. 7. 22	Turkish Club Seeks to Add Kobe Bryant
		2011. 7. 23	Santana Is Striving To Return; Mets Falter
		2011. 7. 23	It's Hard to Separate Players and Owners in the N. F. L.
		2011. 7. 23	Players Committee Expected to Ratify N. F. L. Labor Agreement on Monday
		2011. 7. 23	Phelps Seeks Strong Finishing Kick to His Career
		2011. 7. 29	Asomugha Rejects Jets; Picks Eagles

续表

报纸	类别	时间	新闻报道标题
纽约时报	体育新闻	2011.7.29	A Fresh Face for U. S. Soccer
		2011.7.29	A Thick Résumé for a Tough Job
		2011.7.29	Excitement Times Two for New Jersey Trainer
		2011.7.29	Caddie Choice Serves as Window Into Woods's Thinking
		2011.7.29	Lochte Wins 3rd and 4th Gold Medals
		2011.7.29	European Soccer Clubs Challenging FIFA
		2011.7.29	Absences Stand Out as Giants Practice
		2011.8.12	On Horse Racing
		2011.8.13	Few Chances for Arsenal in Its Opener
		2011.8.14	SEC Decides Against Adding Texas A&M
		2011.8.14	Jockey Club Plans TV and Web Projects to Attract New Fans
		2011.8.15	N. C. A. A. Chief Suggests a Summit on Conference Expansion
		2011.8.16	Serena Williams Adds Fitness to Her Game, and Wins Keep Coming
		2011.8.17	Central Florida Facing an Inquiry
		2011.8.18	U. F. C. Lands a Seven-Year Deal With Fox Sports
		2011.8.19	N. F. L. -N. C. A. A. Merger, Hypocrisy Division
		2011.8.20	Wild-Card Chase Is Spicing Up Chase for the Cup
纽约时报	时评社论	2011.7.12	On Experts and Global Warming
		2011.7.18	Media and Mistrust: A Response
		2011.7.19	Trusting Families to Help Themselves
		2011.7.21	The Campbell Rangers Hit Bull Run
		2011.7.24	The Maze of Moral Relativism
		2011.7.25	Shame and Responsibility: A Response
		2011.7.26	Winehouse, Breivik and Deadly Ideals
		2011.7.26	Irradiation and the 'Ick Factor'
		2011.7.26	A Trade Barrier to Defeating AIDS
		2011.7.27	Homegrown Hurt
		2011.7.27	Should Religion Play a Role in Politics?
		2011.7.27	Slavery and Freedom at Bull Run

续表

报纸	类别	时间	新闻报道标题
纽约时报	时评社论	2011. 7. 27	Over the Verrazano, Into the Shadows
		2011. 7. 28	A Madman and His Manifesto
		2011. 7. 28	Treating the Cause, Not the Illness
		2011. 7. 28	On to Richmond! Or Not
		2011. 7. 29	When Shilling on the Web, Think Small
		2011. 7. 29	Scold Your Own
		2011. 7. 29	The Southern Cross
		2011. 7. 29	Sorry, W. J. B. , to Bring This Up Again
		2011. 7. 30	The War Comes Home for Lee
		2011. 8. 9	Trying to Live Forever
		2011. 8. 8	Virginia Goes to the Birds
		2011. 8. 10	A Governor
		2011. 8. 14	The Social Economics of a Facebook Birthday
		2011. 8. 19	Flying? Increasingly for the Birds
		2011. 8. 20	Nature Without the Nanny State
		2011. 8. 22	The Wild Rose of Washington
		2011. 8. 23	Food's New Foot Soldiers
		2011. 8. 23	Can We Judge Economic Success? Perry Versus Obama
		2011. 8. 25	Tripoli, the Morning After
每日快报	政治新闻	2011. 7. 19	Britain Must Ban Migrants
		2011. 7. 21	'9/11 Revenge' Murderer Executed
		2011. 7. 21	Terror Site Sparks Vigilance Call
		2011. 7. 22	Iraq probably will miss deadline on U. S. troop decision, officials say
		2011. 7. 22	Struggling Huntsman campaign loses manager
		2011. 7. 22	Anonymous claims it hacked NATO Web site, tells FBI 'we' re back
		2011. 7. 22	Bomb Hits Norway Government HQ
		2011. 7. 22	Egyptian Premier Promises Reforms
		2011. 7. 23	Cleared: Man Who Killed a Burglar
		2011. 7. 23	More Than 30 Killed in Norway Double Terror Atrocity

续表

报纸	类别	时间	新闻报道标题
每日快报	政治新闻	2011.7.24	Suspect Charged over Norway Attacks
		2011.7.25	Norway Massacre: a Nation Mourns for the 93 Victims
		2011.7.25	David Cameron Demands Checks on Far-Right Threat in UK
		2011.7.25	Survivor Relives Gun Spree Horror
		2011.7.25	Crash Raises Fast Rail Plan Doubts
		2011.7.26	Obama Blames Republicans for Crisis
		2011.7.26	Chavez to Seek New Six-Year Mandate
		2011.7.26	MPS Warn Government on China Trade
		2011.7.26	MPS Warn over Student Visa Reforms
		2011.7.26	Norway Gunman 'Links to UK' Probed
		2011.8.3	News of the World Executive is 11th Arrest in Phone Hacking Case
		2011.8.3	Shock for Families if Interest Rates Risse by Just 0.5%
		2011.8.8	827, 000 Homes Face Negative Equity
		2011.8.9	573 Foreign Killers in UK Jails Cost US £ 23M a Year
		2011.8.11	Libyans Occupy Embassy in Stockholm
		2011.8.12	Microlight Pilot Reaches Australia
		2011.8.12	Italy Approves Austerity Measures
		2011.8.13	German Way to Insult a Hero
		2011.8.14	Gordon Ramsay Eyes Las Vegas Boost
		2011.8.14	New Campaign to Restore Robet Burns' Final Resting Place
每日快报	商业新闻	2011.7.21	Andrew 'to Give up Trade Role'
		2011.7.21	Baldwin Urges Prime Minister to Resign
		2011.7.21	Microsoft Tops Estimates Amid Buoyant Demand From Companies
		2011.7.21	Traders Bank on Misys Takeover
		2011.7.22	FTSE Surges as Euro Debt Deal Agreed
		2011.7.22	Federal Reserve audit highlights possible conflicts of interest
		2011.7.22	U.S. Stock-Index Futures Rise; AMD, SanDisk Climb in Germany
		2011.7.23	Business Flyers Help Easyjet Profits to Soar
		2011.7.23	Greek Bailout Fails to Calm EU Debt Contagion Worries

报纸	类别	时间	新闻报道标题
每日快报	商业新闻	2011.7.24	Shell Oil Profits up by 60 Percent
		2011.7.24	Britain's Recovery 'Grinds to a Halt'
		2011.7.26	Gold Soars as Fears of US Default Panic the Markets
		2011.7.26	Fuel Costs Trouble Ryanair
		2011.7.27	Bob Dudley under Fire as BP Profits Fall Short
		2011.7.27	Gas Tax Fails to Dent Gains at BG Group
		2011.7.27	Bid Hopes Boost Pennon Group
		2011.7.28	Santander Sets Aside £ 538M for PPI Cases
		2011.7.28	LSE Dumped as Bid Hopes Fade
		2011.7.29	US Deal Puts Inmrsat on High
		2011.7.29	Era of Cheap Oil Gone, Says Shell's Peter Voser
		2011.8.1	Markets Braced as US Battles over Debt Deal
		2011.8.2	US Rating Could Slip Warns HSBC Chief
		2011.8.2	Markets Rise and Fall after Debt Recovery
		2011.8.3	Shares Slide on Europzone Fears
		2011.8.3	Poundland Heads into Europe... But as Dealz
		2011.8.9	Markets Dive Again as Debt Fears Mount
		2011.8.9	Rio Tinto's £ 950M Bid to be King of Coal & Allied
		2011.8.13	US News Gives Top Firms £ 40BN Lift
		2011.8.13	Pippa Middleton's Got the 'X Factor' for TV Says Simon Cowell
		2011.8.14	Inflation at 5% in Only a Few Weeks from Energy Price Hikes
每日快报	体育新闻	2011.7.15	Kleybanova Reveals Cancer Battle
		2011.7.21	Sergio Aguero's Still on for Manchester City
		2011.7.21	Warnock-I won't See Taarabt Cash
		2011.7.21	Woods Seeks Successor to Williams
		2011.7.21	The Nationals are losing one-run games again
		2011.7.23	Kevin Pietersen's Double Tops
		2011.7.23	Ashley Young in Hurry to Hit Heights for Manchester United
		2011.7.23	Daley Progresses in Shanghai

报纸	类别	时间	新闻报道标题
每日快报	体育新闻	2011. 7. 23	Wonder Jodie Williams
		2011. 7. 24	Nathaniel's King in Ascot Drama
		2011. 7. 24	John Gosden, the winning trainer
		2011. 7. 24	Darren Clarke Win is a Sign of the Times
		2011. 7. 24	Forget the Shirt Hype, Says Shontayne Hape
		2011. 7. 25	Ton-up Matt Prior Rallies England
		2011. 7. 25	Sinfield Statue on Cards
		2011. 7. 25	Hamilton Uses Head to Take Win
		2011. 7. 26	Great, But Andrew Strauss is not Getting Carried Away
		2011. 7. 26	Chelsea's Petr Cech: This Year is Key
		2011. 7. 26	Switch in Time Boosts Lewers
		2011. 7. 26	Sky may Miss Olympic Stars
		2011. 8. 2	Zhirkov Could Make Russia Return
		2011. 8. 3	Early Start is Telly Success Says Neil Doncaster
		2011. 8. 3	Nothing Special. ... Just the Humble One for Hearts
		2011. 8. 8	Oxlade-Chamberlain Set for Arsenal
		2011. 8. 9	Joe Hart in a Salute to Shay Given
		2011. 8. 11	Wenger Wants a Resolution
		2011. 8. 12	Cook Passes 200 as England Roll on
		2011. 8. 13	Two Remanded on Riot Murder Charges
		2011. 8. 13	Westwood Cruising into Contention
		2011. 8. 14	James Mcfadden isn't Guaranteed a Scotland Recall
纽约时报		2010. 9. 24	Japan retreats with release Chinese boat captain
华盛顿邮报		2010. 9. 24	Japan to release Chinese boat captain

二 中文报纸语料

报纸	类别	时间	新闻报道标题
人民日报	政治新闻	2011.7.4	国务院明确10%土地出让净收益用于教育
		2011.7.5	贺国强会见法国戛纳市长
		2011.7.6	全国人大常委会将开展劳动合同法执法检查
		2011.7.7	巴基斯坦卡拉奇暴力事件致20人死亡
		2011.7.8	辽宁鞍山警方"清网活动"劝解诈骗犯 潜逃国外八年案犯自首回国
		2011.7.11	北京500余年轻干部今年下派基层"补课"
		2011.7.11	昆明市委开会"耳听"更要"眼见"
		2011.7.11	山东出台我国第二部行政程序省级政府规章 明确决策程序规则避免证"听而不取"
		2011.7.12	"两岸同心我们同行"国侨办分团——台湾青少年夏令营开营
		2011.7.13	山西率先完成县乡换届1/3以上干部竞争性选拔产生
		2011.7.14	陕西永寿县 优秀大学生村官公选当上副镇长
		2011.7.15	查找和《国有土地上房屋征收与补偿条例》等规定相抵触、不一致的问题
		2011.7.15	上海居民打分测评派出所长 民意测评和内部考核各占50%权重
		2011.7.19	中国和平统一促进会第十次海外会长会议召开
		2011.7.20	最高人民法院召开新闻发布会 腐败智能化期权化现象突出
		2011.7.20	习近平会见欧洲社会党主席
		2011.7.22	武汉严肃追责"溃水事件" 水务局副局长被免职
		2011.7.25	针对地方各级政府主要领导干部 政府债务成为经济责任审计重点
		2011.7.25	山东梁山县借"水浒"搞反腐教育引争议
		2011.7.25	北京出台行政问责办法 媒体披露问题可作问责线索
		2011.7.26	记者亲历"聚蕉行动",线下取货最后一天
		2011.8.2	吉林省委常委承诺换届"六个带头、六个决不"
		2011.8.2	新疆立法保护伊犁河流域生态环境
		2011.8.4	法治湖南建设"路线图"公布 运用法治方式解决利益问题
		2011.8.8	广东试点大学生志愿者接待信访 为期1个月,如果成功明年将在全省推广

报纸	类别	时间	新闻报道标题
人民日报	政治新闻	2011.8.9	三十个省直部门中近九成交通费超支　公务用车费用超支最高达529%
		2011.8.10	"局长电话一般群众不能打"事件追踪　福建长乐市环保局局长被停职
		2011.8.11	江西叫停庐山管理局"问题招聘"（热点·回应）省人力资源和社会保障厅介入调查
		2011.8.11	河南泌阳回应"免职"副县长仍居官位　副县长因矿难"记大过"非免职（热点·回应）
		2011.8.12	崔世安列席立法会议回答议员提问　澳门特区政府将多管齐下应对通胀
		2011.8.15	江西瑞昌市本不产"鄱阳湖龙虾"　大办龙虾节为哪般
人民日报	商业新闻	2011.7.4	7月起六部门联合打击网络传销
		2011.7.5	广东首次将网商纳入信用评价
		2011.7.6	东北今年不会出现"电荒"
		2011.7.7	全国稀土出口工作会议召开　稀土国内生产消费和出口将同步管理
		2011.7.8	国家统计局统计数据发布时间将提前 尽可能减少数据被泄露
		2011.7.11	券商直投业务转入常规监管　采取业务隔离等措施避免利益输送
		2011.7.12	我国海运船队规模跃居世界第三　造船三大指标全面超过韩国，成为世界第一造船大国
		2011.7.13	内蒙古治理煤火抢救煤炭资源5300万吨
		2011.7.14	深交所提醒"炒新"风险　新股上市首日交易将重点监控
		2011.7.18	我公布第二批稀土出口配额　前两批出口配额与去年基本持平
		2011.7.19	发改委查处囤积党参牟利者
		2011.7.19	全国集体林地今年将全面确权到户　九成集体林地已承包到户
		2011.7.20	中经装备制造业景气指数发布　二季度综合景气度略有回落
		2011.7.20	上半年税收总收入超5万亿元　同比增长29.6%
		2011.7.21	增持美国国债是市场投资行为　外汇局称人民币升值不会直接导致外储损失
		2011.7.21	高度警惕近期民间借贷风险　刘明康提醒要让风险早暴露、早发现、可度量和早干预
		2011.7.22	央行将研究存量个人账户身份信息真实性核实问题　今年将完成推广应用超级网银
		2011.7.22	30个"金融中心"太荒唐（连续报道）

续表

报纸	类别	时间	新闻报道标题
人民日报	商业新闻	2011.7.27	二〇一〇年年度报告显示　中投境外投资收益率 11.7%　成立以来累计年化收益率为 6.4%
		2011.7.27	上半年房地产贷款增速回落
		2011.8.2	7 月 PMI 为 50.7%　创 29 个月新低　已连续 4 月下降
		2011.8.2	上海福建社会救助与物价联动　两地居民基本生活费用价格指数正在抓紧编制
		2011.8.3	中国铁矿石价格指数八月试运行是一个反映市场价格的指数，没有赋予其掌握定价话语权的期望
		2011.8.4	央行行长周小川表示　希望美方妥善处理债务问题
		2011.8.5	中小企业大量寻求民间借贷，年利率 20% 以上　民间高利贷酝酿大风险
		2011.8.8	岭澳核电站二期正式商运　我国首批 2 台百万千瓦级自主品牌核电机组全面建成
		2011.8.10	上半年私企新登记注册户数增加 21.86%　全国新登记注册企业同比增长 19%
		2011.8.11	对新兴市场贸易增速普遍高于传统市场　我对外贸易稳中趋好
		2011.8.15	前 7 月全社会用电量增长 12.2%
		2011.8.18	央行行长周小川在港表示内地推出港股组合 ETF 时机已成熟
人民日报	体育新闻	2011.7.5	伦敦奥运会跆拳道项目世界区资格赛　中国队获两张奥运会入场券
		2011.7.5	社会体育指导员，你在哪里？
		2011.7.6	每天在校锻炼 1 小时　上海实施学生健康促进工程
		2011.7.6	把健康和快乐还给学生　武术健身操风行桃江校园
		2011.7.7	坚持不懈终获青睐
		2011.7.7	韩国平昌喜获 2018 年冬奥会主办权
		2011.7.8	劳资协议谈判破裂，老板封馆、球员停工　NBA 走向何方
		2011.7.8	坚持普及性健身性趣味性　农运会竞赛项目设置基本确定
		2011.7.8	总统杯国际女排邀请赛　中国队击败俄罗斯队获小组第一
		2011.7.8	中国围棋名人战四强战结束　孔杰李喆将争夺挑战权
		2011.7.11	世界杯四分之一决赛中淘汰德国队　日本女足缘何创造奇迹
		2011.7.13	环法赛爆出兴奋剂丑闻　俄罗斯车手科洛布涅夫兴奋剂检测呈阳性
		2011.7.14	中国国际男子排球挑战赛　中国队战胜哈萨克斯坦队

续表

报纸	类别	时间	新闻报道标题
人民日报	体育新闻	2011.7.14	深圳大运会会歌出炉 《从这里开始》梦想起航
		2011.7.16	游泳世锦赛开幕在即 各项工作准备就绪
		2011.7.19	斯诺克世界杯 中国队历史性夺冠
		2011.7.20	鼓励继续进修支持职业发展 香港多项计划助退役运动员谋出路
		2011.7.20	上海游泳世锦赛 秦凯罗玉通获男子三米板双人金牌 中国选手包揽女子一米板冠亚军
		2011.7.22	夺得上海游泳世锦赛女子十米台金牌 陈若琳跳台全满贯（聚焦上海游泳世锦赛）
		2011.7.27	上海游泳世锦赛女子一百米仰泳 赵菁逆转夺冠（聚焦上海游泳世锦赛）
		2011.8.2	出征第二十六届世界大学生夏季运动会 中国大学生体育代表团成立（迎接大运会）
		2011.8.4	斯杯篮球赛海宁站 中国男篮三连败
		2011.8.4	游泳世锦赛总结表彰大会在沪举行 俞正声出席
		2011.8.5	浙江篮球再探振兴路
		2011.8.5	国家体育总局冬管中心宣布 取消王濛国家队队员资格
		2011.8.5	取消王濛刘显伟参加国际国内比赛资格
		2011.8.8	大运会火炬在深圳传递（迎接大运会）
		2011.8.10	欧盟青年代表团抵达深圳 将参加深圳大运会世界青年联欢节暨中欧青年论坛
		2011.8.12	国际大体联新任主席表示 深圳大运会必将最壮观
		2011.8.13	我随中国代表团入场（采访札记）
		2011.8.14	大运会游泳比赛列入奥运会资格赛
人民日报	时评社论	2011.7.1	永远为人民而奋斗——热烈庆祝中国共产党成立九十周年
		2011.7.4	"招生掐架"暴露教育功利化之害
		2011.7.5	用透明解开公路收费之"结"
		2011.7.6	治理者如何面对"失当批评"
		2011.7.7	对事故瞒报必须"零容忍"
		2011.7.8	谁来填补高温关怀的"制度真空"
		2011.7.11	"最美妈妈"激发社会向善力量
		2011.7.12	官员问责还需大胆"正视"

续表

报纸	类别	时间	新闻报道标题
人民日报	时评社论	2011.7.13	高铁，仅有速度还不够
		2011.7.14	土地违法如何不再"此起彼伏"
		2011.7.15	清除"任期政绩"异化的土壤
		2011.7.18	频频垮桥是重要警醒
		2011.7.19	房价回落需平整非理性"洼地"
		2011.7.20	建立信任才能告别"听证专业户"
		2011.7.21	用好"4.85亿网民"的宝贵资源
		2011.7.22	"下一个姚明"需要宽松土壤
		2011.7.25	高速时代尤须系好"安全带"
		2011.7.26	记取"温州温暖"的力量
		2011.7.29	让公布遇难者名单成为制度
		2011.8.1	"变废为宝"与"寻宝"同样重要
		2011.8.2	公开透明才能赢得"募捐市场"
		2011.8.3	透过审计署的"自我评价"
		2011.8.4	政务公开，提速更需"保质"
		2011.8.5	消除隐患方能重树信心
		2011.8.8	破坏水的发展是"失血的发展"
		2011.8.9	"陈醋之争"拷问行业协会责任
		2011.8.10	微博时代我们怎样辟谣？
		2011.8.11	平抑物价需要"民生杠杆"
		2011.8.12	高铁要坚定科学发展既定轨道
		2011.8.15	感受深圳的"大运成人礼"
都市快报	政治新闻	2011.7.1	杭州市公安局隆重集会庆祝中国共产党成立九十周年
		2011.7.5	杭州市政府和杭州海关建立紧密合作机制
		2011.7.5	原来是运输地铁车厢的工程车
		2011.7.7	上午视频直播市政府常务会议
		2011.7.15	"迎残运保畅通"百日大行动继续推行 杭州召开第八届残运会筹备工作动员大会
		2011.7.20	海归团队研发抗艾滋病新药滨江区政府给予1000万元创业启动资金

续表

报纸	类别	时间	新闻报道标题
都市快报	政治新闻	2011.7.20	按照目前的交通组织方式钱江三桥行车安全是有保障的
		2011.7.21	布兰代斯为何如是说
		2011.7.21	杭州市交通运输局昨晚发布——昨天10多位桥梁检测专家综合检查后确认
		2011.7.21	高温今起回归　下周热力加码最高气温可能达到36℃
		2011.7.22	LOFT49、唐尚433、丝联166、富义仓……拱墅已有十个区级文化创意产业园
		2011.7.23	地铁首列车到了？热心读者传来照片 原来是运输地铁车厢的工程车
		2011.7.23	十七届六中全会10月召开研究深化文化体制改革
		2011.7.23	京珠高速大客车着火　41人遇难6人受伤
		2011.7.23	日方起诉钓鱼岛事件中方船长 中国外交部：这是非法和无效的
		2011.7.25	事故路段尚未恢复通车 D3115次昨天正常发车但止步台州58列停运列车还没有恢复通车计划
		2011.7.28	居民病重住院必报、背街小巷不洁必报　下城区"66810"社区创新管理好经验
		2011.7.28	三潭印月U盘3D动感休博明信片　休博会首批特许产品亮相
		2011.7.28	中河南路地面塌陷什么时候修得好？
		2011.7.28	工程车违法违规每日查处通报
		2011.8.4	滨江区每年出资1亿奖人才
		2011.8.4	出口一个船模原来赚一块多现在能赚130元　"速卖通"助推中小企业转型
		2011.8.4	杭州地铁一期工程攻克最难点 从武林广场站到西湖文化广场站4条隧道3条已成功穿越运河
		2011.8.4	杭州成立创业创新企业上市培育基地　帮助更多创新强规模小的企业上市
		2011.8.4	工程车GPS监管明确由杭州市交通运输局负责
		2011.8.5	出租车临时补贴发放工作启动　8月1日至出租车调价之前每辆车每脚生意补贴1元
		2011.8.9	出租车运价调整听证会9月召开　请15位消费者参加今起电话报名
		2011.8.10	杭州主干道上变电箱等1000多个箱体要全部画上动漫形象
		2011.8.11	低位售票窗口无障碍卫生间无障碍电梯——第八届残运会的服务设施赛后长久保留
		2011.8.12	竞舟小学6位小学生画来最好的暑假作业

续表

报纸	类别	时间	新闻报道标题
都市快报	商业新闻	2011.7.6	美国电信运营商降价促销 iPhone4　或为清仓甩卖以迎接 iPhone5
		2011.7.7	加息将令房价更快进入下行通道
		2011.7.8	半年连涨 5 次 涨幅超 30% 钻石钻石亮晶晶
		2011.7.11	iPhone4 和 iPad2 大幅降价　苹果新一代产品上市或已临近
		2011.7.12	美国梅西百货官网买东西可直接送货到中国了
		2011.7.13	温家宝强调要着力优化信贷结构加大对农业、小企业的信贷支持
		2011.7.15	房贷利率较上半年继续上涨　部分银行首套房首付提至 5 成
		2011.7.15	全世界最有名的啤酒和果汁来了
		2011.7.16	《世界文化遗产——西湖》纪录片将在央视播出
		2011.7.17	冬瓜卖出了 1 元/斤最近蔬菜便宜了
		2011.7.20	《读者文摘》又要卖了售价在 10 亿美元左右
		2011.7.20	上半年超一亿人次网民遭钓鱼网站侵袭
		2011.7.21	浙江纺企抛弃纯棉面料
		2011.7.21	棉价暴涨暴跌山东囤棉企业巨亏
		2011.7.21	制造业炒作原材料是"饮鸩止渴"
		2011.7.22	保时捷卡宴加价 30 万平价订车起码等两年　越是豪车越不愁卖?
		2011.7.23	欧元区出炉希腊新救助方案　新增贷款 1090 亿欧元私营部门也要出血
		2011.7.23	人民币对美元汇率中间价 首破 6.45　自 2005 年以来已升值 21.96%
		2011.7.25	部分旅行社暂停今日出发的福州、厦门动车游
		2011.7.25	开发商推崇异地推广　本周本报将推杭城楼盘异地巡展活动
		2011.8.1	今年月饼主打传统经典口味价格普涨一成
		2011.8.3	上半年猪肉涨价下半年火腿提价
		2011.8.4	全国鸭苗价最多涨了五六倍　过年买酱鸭可能得多掏钱
		2011.8.5	最近日本很需要菊花　二季度杭州菊花出口日本同比增五倍
		2011.8.8	鸡蛋价格涨至一年来新高　可能成为物价上涨新动因
		2011.8.9	棉价跌破国家收储价　织里童装企业松了口气
		2011.8.10	英国消费者更愿购买打折商品

续表

报纸	类别	时间	新闻报道标题
都市快报	商业新闻	2011.8.11	浙江发布年度企业工资指导线　垄断企业增幅不得突破5%
		2011.8.12	看好滨江消费需求高星级酒店也推特价菜
		2011.8.13	美欧股市继续上演过山车行情
都市快报	体育新闻	2011.7.10	删除已过期的诉讼项目　桑兰索赔金额暂时缩减至16亿美元
		2011.7.11	原来都知道姚明要退役了！
		2011.7.12	整风整个连续四轮不胜绿城到底出了什么问题？
		2011.7.16	在男篮要裁员的当口丁锦辉却扭伤了脚踝　下月初他还能来海宁打斯杯吗？
		2011.7.17	拿下上海世游赛首金头一回做一姐的吴敏霞讲话很霸气
		2011.7.18	八届残运会自行车项目长兴收官　有个冠军剪了个No.1的发型
		2011.7.21	四年时间跑进奥运会　刀锋战士"感觉有点不太真实"
		2011.7.22	玩得太尽兴只回答四个问题科比早就给退役的姚明找好位置
		2011.7.23	天天吃青菜豆腐能不瘦吗？　陈若琳的大满贯练出来的更是减出来的
		2011.7.23	送孙杨柯南玩具的小粉丝你在哪里？
		2011.7.23	姚明不可能一直打下去现在其他人要顶住
		2011.7.23	飞来的球被抢走了怎么办？
		2011.7.24	下午6点孙杨冲击首金　锁定CCTV-5为杭州小将加油
		2011.7.24	姚明退役后第一次在公开场合亮相　"我站上跳板，会把跳板压断的"
		2011.7.25	90后居文君杭州封后　和世界棋后侯逸凡同时代也是种动力
		2011.7.25	浙江游泳专家解读孙杨　昨天成绩不算最好奥运会冲金还有戏
		2011.7.27	吴鹏菲尔普斯两天内要比三回今晚看孙杨800米自由泳冲金
		2011.7.29	又被老挝灌进一球　但国脚们集体指天的举动让球迷停止开火
		2011.7.29	短道速滑队"内斗门"惊动体育总局高层
		2011.7.29	中国男队获得第一枚游泳世锦赛接力奖牌
		2011.8.2	伤不起的邓华德把六大主力按在休息区
		2011.8.3	国足海外选帅到底谁说了算？
		2011.8.4	中国男篮现在的课题是谁给阿联传球
		2011.8.6	不会处罚王春露王濛还有机会回国家队
		2011.8.7	七夕节在中国过得很甜蜜　赚饱了的米兰双雄都是赢家

续表

报纸	类别	时间	新闻报道标题
都市快报	体育新闻	2011.8.9	最后一场球再也不用战战兢兢了　高洪波头一次取消封闭训练
		2011.8.10	新帅人选昨天上报总局卡马乔预计本周末到岗
		2011.8.12	卡马乔和时间赛跑
		2011.8.13	摸底中国足球光靠几场比赛录像怎么够？
		2011.8.14	柔道猛女秦茜为中国队拿下第一金
人民日报	国内版	2010.4.7	全党深入学习实践科学发展观活动总结大会隆重举行
	海外版	2010.4.7	胡锦涛强调不断提高党建科学化水平
	英文网络版	2010.4.7	Chinese president hails effective study campaign, vows to enhance governance